U0058817

古人的閒情逸趣

談古代中國的民俗生活與文化傳承

葉子戲、捶丸，這些是什麼活動的前

古人怎麼處理頭髮？從以前就會先舒筋按摩再剃

不只鬥蟋蟀、鬥雞，還有鬥鵪

蛤蟆、蠍子，連鼠子猴子都可以是表演的道

伊永文——

目錄

第一章　娛人技巧……007
◆絕技……008
◆宋元玩具……023
◆李開先與笑話……033
◆明清象聲……042

第二章　中外相會……053
◆高爾夫球源何在……054
◆「葉子戲」的演變……063
◆「漢文化圈」的交流……073

第三章　貨殖擷趣……083
◆鬼市子……084
◆商標・招幌・推銷……094
◆徽商文化……113

第四章　民俗世風……123
◆洗澡……124
◆頭髮風習……135
◆廁所・便器……146
◆北方民族馬術……156
◆遼金食俗……167
◆速食……181
◆唐宋文身……190
◆迎神賽會……201

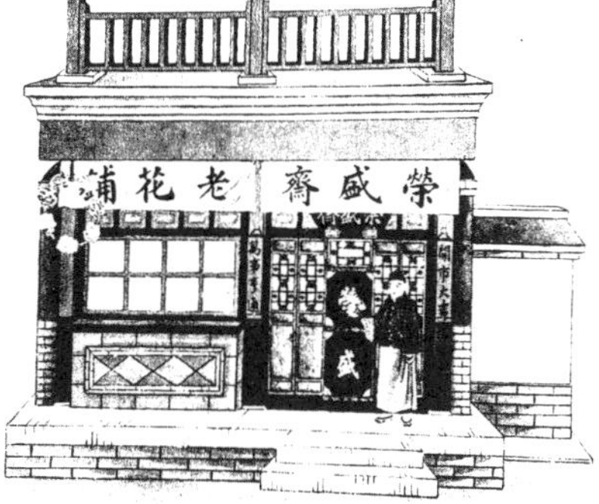

第五章 器物小識……211
◆最早的保溫瓶……212
◆金明池裡的船塢……221
◆煙火略談……229
◆圖畫小說中的車與船……258

第六章 宦海風雲……269
◆官場口訣……270
◆抄家側影……283
◆千刀萬剮話酷刑……290

第七章 俗雅之間……299
◆批判金錢的文學……300

◆俗雅的借鑑……311
◆冰花與冰燈詩詞……320
後記……330

第一章

娛人技巧

技巧則驚人耳目，侈奢則長人精神。

——宋．孟元老《東京夢華錄．序》

絕技

以往的文化研究，往往對那些構成我們社會生活基礎的勞動技能缺乏足夠的關注，這不能不說是一個缺陷。中國勞動者的技能有的堪稱「絕技」，遠的暫且不提，僅近代北京「棚匠[1]」的技能就很值得我們好好加以研究。

沈義羚、金易《宮女談往錄》記載：每年五月初，慈禧太后去頤和園避暑，內廷讓棚匠給她起居辦公的大殿搭個「天棚」，罩將起來。其要求是：必須嚴絲合縫，不許有一點兒空隙往裡飛蚊子鑽蠓蟲。其梁棟凹凸處，皆隨形曲折，平直處如一線，無少參差。結果是搭成起脊的天棚，飛簷鴟尾，富麗堂皇，連長年住在宮中伺候慈禧的老太監都說：這搭得跟正式宮殿一樣！四面還有通風進陽光的窗子，窗子根據晨昏風雨的不同，可隨意開合，但一星水點兒也進不來。不管颱旋風還是下暴雨，「天棚」安然不動。

據史料載：民國三年三月的一天下午，北京城颳起狂風，崇文門外上三條一家門口搭的一個招待親友的坐落棚，竟被整個颳了起來，放了「風箏」。由此可見，棚匠搭的棚子，柱子一律浮立，並不挖坑動土埋，架子用繩子紮綁，而不用一根釘子和鐵頁[2]、鐵絲固定，全憑四邊的撐勁和拉力。所以，遇上大風，棚能被風颳到天空，搬出好遠，整體地落在遠方，結構卻紋絲不動。這就是史學家和老百姓常評說的「北京的棚匠出奇地巧，巧到通神的地步」。

在舊北京，棚匠是專門以精絕手藝討生活的，可也必須力壯機靈，他們自稱既當「走獸」（在地上幹扛大杉篙等力氣活），又當「飛禽」（指在高空作業）。從棚匠工作步驟看，他們當「飛禽」的時候多。《北京往事談》中的文章介紹說：棚匠在皇室幹活，是奉旨不迴避大內親貴的，而慈禧最愛看棚匠搭席棚。一天，棚匠們正在架子高處幹得起勁，慈禧在底下看得出神，忽然失聲道：「這哪兒是棚匠，這不是鑽天猴兒嗎？」棚匠們在高處聽得很真切，先是一怔，繼而不由得一齊嚷道：

《點石齋畫報・跑竿貫禍》

1 棚匠：搭建棚架的專業工匠。
2 鐵頁：又稱鐵頁子，捆東西用的狹長鐵皮。

「謝主賞封。」原來，棚匠們機智地將「侯」代「猴」，領了西太后的賞封。此後，北京棚匠有了「鑽天侯」的綽號。

這可能不乏傳奇色彩，但棚匠高空作業的本事可不是虛構的。驗之歷史，在慈禧當政時期棚匠的技藝確實達到了登峰造極的狀態。以震鈞《天咫偶聞》記述為例：

> 光緒二十年重修鼓樓，其架自地至樓脊，高三十丈，寬十餘丈。層層庋木，凡數十層，層百許根。高可入雲，數丈之材，渺如釵股。自下望之，目眩竟不知其何從結構也。

這種高空技藝可以說很不一般，幾近「神」之水準。

所以，在舊北京舉行「走會」遊戲時，扮獅子者往往由棚匠擔任，因為只有他們才能在高處應付自如，就像《百本張鈔本》唱「耍獅子」那樣：「遇見了天棚爬杪[3]高，竄房越脊一丈多高。」由於棚匠具備這種善於在高空作業的特殊技能，許多人又將他們當成技藝人看。在近代北京凡新開店鋪之時，商賈就僱棚匠專搭一彩棚，讓其在搭好的朝天柱子間所橫的一竿上來往穿行，以招攬顧客。棚匠做這樣的表演當然十分輕鬆，只見他們如繩技走索，在竿上如履平地，往來穿梭，故又名曰「跑竿」……

像這樣由勞動者所創造的「絕技」絕非棚匠一種，而是像無數大珠小珠一樣，閃耀著奪目的光芒，發出悅耳的聲響。像明代宋懋澄《九籥集》所記的「壘七桌」，即一人身一轉，便壘一桌於堂中，不失尺寸，凡六轉，桌壘如浮屠，第七桌，設五殽[4]五核及醯[5]鹽若干器於上，又一轉而第七桌已居最上矣，須臾，忽翼之而下，殽核整設如初。另一則是租賃艅艎（古時一種華麗的木船）上跳木板，長二丈餘，闊二尺，厚五六寸，一人用齒支之，使小兒立其上，歌舞一闋……

這種使力使巧的「絕技」確實罕見。清代的「絕技」則似乎朝更偏於「巧」的方向發展，如吸、吐煙表演者，在紀曉嵐《閱微草堂筆記》、清末《點石齋畫報》中都有記載，如李斗《揚州畫舫錄》所反映：有一賣水煙的匡子，常駕艇遊湖上，他吸十數口水煙不吐，慢慢地像線一樣漸引漸出，盤旋天空，再茸茸如髻，色轉綠，微如遠山，風來勢變，隱隱約約像神仙，像雞，像犬，鬚眉衣服，皮革羽毛，無不畢現，過了一會兒，色變深黑，猶似山雨欲來……《古今筆記精華錄》也記述了一位類似這樣的能吐出山水樓閣、人物花木禽獸的煙技

3 杪：音同「秒」，末端、末尾之意。
4 殽：通「肴」，菜餚。
5 醯：音同「西」，醋。

者，被一官僚推薦到另一官僚家，專充吐煙表演之職。其表演過程，我們從破額山人《夜航船》中可窺其詳：

吃煙者，於青布袋中，取出煙筒，頭狀類熨斗，大小如之，又取出梗子，狀類扛捧，長短如之，以頭套梗，索高黃煙四五斤，裝實頭內，燃火狂呼，急請垂簾墐戶，客皆從對照，隔簾觀之，見雲氣滃然，奇態層出，樓臺城郭，人物橋樑，隱然蓬萊海市也。琪花瑤草，異鳥珍禽，宛然蕊珠閬苑[6]也。魚龍鮫鱷，噴濤噀露，恍然重洋絕島也。俄而炮焰怒發，千軍萬馬，破陣而止，玉山銀海，顛倒迷離……

這種用煙做戲的「絕技」，是脫離不了時代的，「煙戲絕技」的普遍表演是和清代人民吸食菸草的普遍有直接關係的，它蔓延很迅速。另一類較之更為普遍的「絕技」，則經歷了漫長的時光而仍有餘韻，那就是「弄蟲蟻」。

古代的飛禽走獸，昆蟲鱗介[7]，統稱為「蟲蟻」。所謂「弄」者，乃是寓調教、娛情之意，「弄蟲蟻」即養馴動物之術。

古代中國的蟲蟻千種萬樣，小到螞蟻，大到虎豹，許多看上去簡直不能調教的動物，卻完全可以調教得悉如人意。如田藝蘅《留青日札》所言：鳥有蠟嘴畫眉之戲，獸有猢猻狗馬之戲，蟲有螻蟻、蛤蟆、烏龜之戲，唐代還有合乎節奏的刺蝟對打之戲，從筒裡爬出分為兩隊、變陣合戰的蠅虎之戲……

綜而觀之，古代中國的「弄蟲蟻」，可分為四種類型。一種是為王公顯貴遣情享樂的「弄蟲蟻」。

早在周代，《周禮．夏官》上就有「服不氏」等職，專「掌養鳥而阜蕃教擾之」、「掌養猛獸而教擾之」。鄭玄對「教擾」是這樣解釋的：擾，馴也，教習使之馴服。這十分清楚地表述出「弄蟲蟻」自周代始，首先在王公顯貴階層中發展起來。

很快，春秋戰國的衛懿公養馴的仙鶴，甚至可以進退有節，聽音樂而舞蹈。秦漢宮廷流行「黃公故事」，「黃公」是一位以上演馴服老虎的驚險節目而聞名的藝

《吳友如畫寶．嗜鴿奇報》

6 閬苑：仙人居住的地方。閬，音同「郎」。
7 鱗介：指魚類和貝甲類。

人。《西京雜記》敘說魯恭王「好鬥雞、鴨及鵝雁，養孔雀、鵁鶄，俸穀一年費二千石」。這都從側面證明了自秦漢以來，「弄蟲蟻」已有相當的規模。

為王公顯貴服務的「弄蟲蟻」，還經常在慶典活動中出演。漢代李尤《平樂觀賦》中就有「馳騁百馬，有仙駕雀，狐兔驚走，禽鹿六，白象朱首」等壯觀場面。所以，歷代政府都很重視。清代宮廷中，為歡迎西方人而舉行的宴會上，就用經過訓練的老鼠表演：兩隻用細鏈條拴在一起的老鼠，按主人的命令把鏈子纏結起來，然後解開。這種「特技老鼠」的確出乎人的意料，使觀看的俄國人伊泰斯勃蘭德由衷地讚嘆：「這些卑微的動物的表演是我看過的表演中最驚人的。」

《點石齋畫報・鼠子演戲》

老鼠所能表演的遠不止這些。在民間，百戲技藝中的調教老鼠，其成就更是驚人：如清代在蘇州玄妙觀，有一山東人表演的「鼠戲」：將一高約兩公尺，形如傘蓋的木架安放在地上，架內有一似戲場之地，十餘隻鼠盤踞，還掛著圓圈及各式槍刀耍物。鑼一響，這些老鼠便上演各劇，有《李三娘挑水》、《孫悟空大鬧天宮》等，牠們還能用爪抓住竹刀木槍，旋轉而舞。

將老鼠調教得上演戲劇，這是為了勾起人們的欣賞興趣，但也確實不易。如同元代陶宗儀《南村輟耕錄》中記有一隻大青蛙教八隻小青蛙念書一樣，清代袁枚在《子不語》中又記述了一乞丐所調教這樣的「蛤蟆戲」：

> 場上設一小木椅，大蛤蟆從乞丐身上所佩的布袋中躍出，坐在小木椅上，接著八隻小蛤蟆從口袋中躍出落地，環對著大蛤蟆，寂然無聲。乞丐喝道：「教書！」大蛤蟆便「閣閣」叫，八隻小蛤蟆都跟著大蛤蟆「閣閣」叫，大蛤蟆叫幾聲，小蛤蟆就叫幾聲，如同先生教學生。乞丐突然說：「止！」這「蛤蟆教書」當即絕聲……

清代的另一本筆記小說《聞見偶錄》，也有這樣一則〈蛙教書〉，看來，清代中後期，此類「弄蟲蟻」是很多的，至清光緒庚子年，在北京的天橋還可以看到一位六十多歲的老者，用一大八小共九隻青蛙作的這種「老師給學生上課」的表演。更為奇絕的是，蒲松齡在《聊齋志異》中曾記述過：

> 北京市上有人攜一十二孔木盒，每孔伏蛙，弄者用細杖敲蛙首，蛙則作鳴。或與金錢，則亂擊蛙頂，如拊雲鑼，宮商調曲，了了可辨。

清代徐岳《見聞錄．奇技》又記：

> 又見一人以蛤蟆，小者二十四隻，大者一隻，按古曲高下緩急，音節不爽[8]纖毫。其蛤蟆畜之囊中，用大方桌一張，出縱其上，大蛙踞中南向若客，在上則北向，小蛙左右各十二，依次就位，其人依曲撾鼓，蛤蟆聲應拍不亂……

清代《點石齋畫報》又有一幅〈蛙嬉〉使人們瞭解到：浙江象山、寧海間，有一位弄蛙者，他舞黃、綠小旗，指揮十餘隻黃、綠蛙，可以隨意唱一二曲俚歌，檀板漁鼓亦嫻節，拍鼓聲「咚咚」，與「閣閣」的蛙聲，若相應答。

複雜的樂曲，用什麼樣的方法才能使蛙感應並適用自如？其內在奧妙，真是神祕莫測。可是弄蟲蟻者卻將其呈現在觀眾面前，這顯然是出於滿足人們喜怪獵奇的心理。正是在這種目的的驅動下，清代的弄蟲蟻者敢於標新立異，創造出了許多奇蹟。據徐珂《清稗類鈔》說：光緒年間的

《點石齋畫報．蛙嬉》

臺州，有一人教一狗學人語，歷經十餘年，這隻狗竟能讀書。表演時，取一冊《禮記》，狗讀〈檀弓〉篇，不爽一字；又取《周易》，讀〈繫辭傳〉，也非常熟。這狗讀書的聲音非常響亮，唯發音時稍強硬，不能如人語之便捷。然而〈檀弓〉、〈繫辭傳〉，都是佶屈聱牙、不易上口的，可是這狗卻被調教得可以成誦！

還有更難的是清代朱梅叔《埋憂集》所記：

一人用兩竹管，畜養了紅、白兩種螞蟻。表演前，取紅、白兩小紙旗，分東、西插在几上。此人取竹管去掉塞子，分放兩邊，再各向管口彈指數下，螞蟻隨出，自成行列，趨止於旗下，排列如陣。此人復出一小黃紙旗，作指揮狀，群蟻即紛紛齊進，兩陣既接，舉足相撲，兩兩角鬥，盤旋進退，均合節度。久之，即有一群返走，擾亂若崩潰者，另一群爭進，其行如飛，居然戰勝追奔逐北的模樣。此人又揮動小黃旗，戰勝的螞蟻便退回來，按次序爬入竹管，另一群戰敗的螞蟻也絡繹奔來，爭相入管，不復成行了……

這種難度極大的「弄蟲蟻」，還有許許多多，如漢代的馴蛇、馴駱駝、馴虎、馴猴；唐代的韓志和蓄赤色蠅虎子，應聲表演「梁州舞」；宋代的魚跳刀門，使喚蜂蝶，熊翻筋斗，

8 不爽：不差。

驢舞柘枝等等，它們是「弄蟲蟻」中最重要的組成部分，最值得繼承和研究。

還有一種類型，就是日常生活中形成的「弄蟲蟻」。在宋代，此類「弄蟲蟻」就很突出。隨便舉一例，如方勺《泊宅編》記北宋和州烏江縣高望鎮升中寺的僧侶，馴養了一貓，有客來，此貓便前去迎接並走報主僧，見來的不像正經人，便緊緊跟隨……

尤其有趣的是清代王國璠《臺灣雜錄》記：一人由於事繁，便將自己養的鴨子訓練成五十隊，每隊百隻，選壯鴨為首，日出，責領隊出，到晚再領歸，歸則列隊於澤中，像排陣似的。為首的鴨戛然長鳴，則全隊無缺，否則有散失。

還有，宋代的福建，三山溪產小魚，山裡的兒童就加以畜養，讓牠們互鬥。這種調教鬥魚術，發展到了清代，變化成為如徐珂《清稗類鈔》所記：

有人將紅、白兩種金魚，共養一缸，用紅、白兩種旗指揮牠們，搖動紅旗，紅金魚就都隨著紅旗往來游翔，緊緊跟隨，緩轉緩隨，旗若收住，魚就都潛伏。白金魚也是這樣。再將二旗並豎，紅、白金魚則錯綜旋轉，前後間雜，猶如軍隊走陣一般。將紅、白二旗分為兩處，紅金魚就隨紅旗歸成紅隊，白金魚隨著白旗而歸為白隊……

更有甚者，有人將魚調教得可以「下雙陸」。徐昆國《遁齋偶筆》有記：

一姓白的大吏，砌一水池，水池中用文石砌成一「雙陸盤」。招待賓客時，將池中灌滿數寸深水，兩名童子各執紅、白小旗，至池中。一童子揮紅旗，紅魚自上流悉出，按位而止。另一童子揮白旗，白魚悉出，按位而止。這些魚都長五寸多。賓客擲錢幾點說「某子移至某位」，紅旗童子按旗指某魚引至某位，某魚隨至，不差分寸。大吏也是這樣下，打落某子，魚即隨旗引入洞，再下子，旗再引魚出來。局終，魚都游入洞中，一會兒，水就放乾，池子又像原來那樣。

魚順從人的旨意而「下雙陸」，這與人摸透魚的生活習性，日久相熟最有關係。這也證實了僅僅是為了自己娛樂的「弄蟲蟻」，也是可以出精品的。就像清代沈日霖《粵西瑣記》述說的那樣：

> 陽朔產猴，多有畜之者。于文王先生有一猴，極馴擾，客至，猴為送煙，一手接筒，一手持火，焠吹畢，跪，後足拱前，兩手作叩頭狀而去，因呼為「禮猴」。

這是廣西人利用生活環境之便而自娛的「弄蟲蟻」，此類「弄蟲蟻」在古代中國還非常多，「禮猴」只不過是其中一個典型罷了。

第四種類型是弄蟲蟻賭博。

弄蟲蟻賭博主要以鬥雞、鬥鵪鶉、鬥蟋蟀為代表。由於雞、鵪鶉、蟋蟀都可以鬥，所以牠們均具賭博性質。

唐《東城老父傳》說許多世家貴主，傾帑破產，市雞以償其值。宋代四川張詠寫出了「鬥雞破百萬」的詩句，明張岱《陶庵夢憶》中所記的鬥雞是以古董、書畫、文錦、川扇等物為賭注。

清蒲松齡《聊齋志異》描寫貧困的王成，見人鬥鵪鶉，一賭數千，便馴養了一隻鵪鶉，走上街頭賭酒食，每次都贏，半年便積累了二十金。王成在大親王府邸戰勝了「玉鶉」，大親王要買下他的鵪鶉，王成出價千金，大親王認為不值，王成卻說：

> 小人把向市廛，日得數金，易升斗粟，一家十餘食指，無凍餒憂，是何寶如之？

最後王成以六百金與大親王成交，他靠賣鵪鶉的金子，治田百畝，起屋作器，居然世家。

西湖老人《繁勝錄》記臨安市民，在蟋蟀旺季，

《三才圖會》中〈鬥雞圖〉

紛紛鬥賭，贏三兩個，便望賣一兩貫錢。明代陸粲《庚巳編》也記：「吳俗喜鬥蟋蟀，多以決賭財物。」周暉《金陵瑣事》記：南京的鬥蟋蟀，鬥之有場，盛之有器，掌之有人，必大小相配，甚至兩家方賭，傍猜者群集。清代孫珮《蘇州織造局志》形容得更是有聲有色：

吳俗每歲交秋，聚鬥蟋蟀。光棍串同局役，擇曠僻之所，搭廠排臺，糾眾合鬥，名曰「秋興」。無賴之徒及無知子弟，各懷銀錢賭賽，設櫃抽頭。鄰省別屬，罔不輻輳[9]，每日不下數千人，喧聲震動閭閈。

正因鬥雞、鬥鵪鶉、鬥蟋蟀有厚利可獲，所以人們無不精心飼養調教雞、鵪鶉、蟋蟀，由此產生了一種研究鬥雞、鵪鶉、蟋蟀的專門學問。

迄今為止，我們發現的清乾隆年間未說明作者的《雞譜》，就對鬥雞的良種選配繁育，種卵的孵化和雛雞的飼育、

9 輻輳：音同「福湊」，形容人群的聚集和稠密。

清吳友如繪《風俗志圖說·蟋蟀會》

飼養管理，各種疾病及其防治措施，進行了系統的、理論的總結，十分精闢，許多論斷，對家雞品種的發展，對養雞技術的發展都產生了積極的影響。

清代有了對鬥鵪鶉的飼養調教的專著——程石鄰的《鵪鶉譜》，在這部書中，程石鄰分門別類，井井有條，闡述了對鬥鵪鶉的「相法」、「養法」、「洗法」、「養飼各法」、「飼法」、「把法」、「鬥法」、「籠法」、「雜法」、「養鬥宜忌」等等，對中國古代養鵪鶉的經驗進行了科學的分析與總結。

蟋蟀的飼養調教著作則最多，宋代有賈似道的《促織經》，明代有嘉靖年間的《秋蟲譜》、袁宏道的《促織志》、劉侗的《促織志》，清代有陳淏子的《蟋蟀篇》、夢桂的《蟋蟀譜》、金文錦的《促織經》、朱從延的《虰孫鑒》、麟光的《蟋蟀祕要》、秦子惠的《功蟲錄》和《王孫經補遺》、拙園老人的《蟲魚雅集》等等。

這些著作，或辨品，或觀行；或宜忌，或捕捉；或與食，或交配；或頭色，或治病；或下盆，或長翅……字裡行間，充滿科學辯證的精神，對中國古代的生物學是一宗極大的貢獻。

綜觀鬥雞、鬥鵪鶉、鬥蟋蟀的專門著作，它們客觀上對氣候的熟悉、對地形的掌握、對飲食的適當等各門類科學知識的發展，都有促進和完善的作用，這恐怕是熱衷於弄蟲蟻者意料不到的。

宋元玩具

在中國玩具發展史上，宋元是極其重要的一環，這一時期的玩具，總括起來有這樣幾個顯著特點：

一是玩具作為一種商品，成為市場上不可或缺的角色。玩具已從昔日王公貴族的掌中物，化為尋常百姓家的擺設和賞玩之品。

二是玩具已成為節慶、時令的一種標識。在宋元的每一個重大節慶、時令中，均有相應的玩具出現，而且重食、重用，食用兼備，成為宋元玩具的潮流。

三是各種新奇的玩具不斷問世，如走馬燈、扯鈴，都是運用較先進的機械技術原理製作的，從而開闢了中國玩具一個嶄新的時期。

先說第一點。宋有李嵩，元有王振鵬，兩位大畫家均作〈貨郎圖〉傳世。他們所展示的也均是宋元兒童歡喜雀躍歡迎貨郎擔的熱烈場景。又據文瑩《玉壺清話》記載：曹彬過周歲日時，父母便將百玩之具羅列於席上，看他拿什麼玩具。曹彬左手提干戈，右手取俎豆[10]，

過了一會兒又取了一印……

通過兒童這一獨特視角，我們看到：出售玩具和喜愛玩具，在宋元社會已成為一種普遍的習俗。宋代話本〈萬秀娘仇報山亭兒〉，就描寫了作為獨立商業行當的玩具買賣的一面：

當日萬員外鄰居，一個公公，七十餘歲，小名叫做合哥。大伯道：「合哥，你只管躲懶，沒個長進，今日也好去上行些個『山亭兒』來賣。」合哥挑著兩個土袋，搋著二三百錢，來焦吉莊裡，問焦吉上行些個「山亭兒」，揀幾個物事，喚作：

山亭兒　庵兒　寶塔兒　石橋兒　屏風兒　人物兒

買了幾件了。合哥道：「更把幾件好樣式底『山亭兒』賣與我。」大字焦吉道：「你自去屋角頭窗子外面自揀幾個。」

於此可見，宋代「山亭兒」之類的玩具已有專門的手工作坊製作，而且分不同等級。有專門從事批發玩具的，也有專挑擔零賣玩具的。元代城市中，還有自己製作玩具、自己挑擔零售者，如元雜劇《張孔目智勘魔合羅》中就有這樣的一個事例。

宋元的玩具市場已十分龐大，品種十分齊全。像小銀槍刀、打馬象棋、杖頭傀儡、棋子棋盤、選官圖、蒲牌骰子、扇牌兒、釣竿、絹孩兒、彈弓、勃鴿鈴、毽子、風箏、鬥葉、壺籌、象棋、促織盆、鏇影戲等。在元大都，各式各樣的小兒戲劇玩具，可以比次填道。有的玩具如《武林舊事》所說：

悉以通草羅帛，雕飾為樓臺故事之類，飾以珠翠，極其精緻，一盤至直數萬，然皆浮靡無用之物，不過資一玩耳。

宋李嵩《貨郎圖》（局部）

《老乞大》還記：從當時中國帶回高麗國的貨物中，就有為數不少的玩具，如「小孩子的鈴子一百個」、「女裙上佩帶的小刀」、「象棋、雙陸各十對」，這表明元代玩具數量、品種之多，還向周邊國家出口。

宋元玩具第二特點是所具有的節慶性和時令性。如每逢「打春」，東京城內百姓就紛紛

10俎豆：古代祭祀、宴饗時，用來盛放祭品的兩種禮器。

仿效開封府前置春牛的模樣，做成花裝欄座，上列百戲人物、春幡雪柳的小春牛，互相贈送。元大都二月二日時，市人便用竹拴琉璃小泡，在內養數條小魚，沿街擎賣。端午節來到時，宋元城市商家都製艾虎、泥張天師、彩線符袋牌等「辟邪」玩具出售。

「七夕」是宋元玩具製作、買賣的高峰。在東京，每逢初六日、初七日晚，市民多結彩樓於庭，喚作「乞巧樓」，為的是放置「魔合羅」。如元曲中所說：

今宵兩星相會期，正乞巧投機。沉李浮瓜肴饌美，把幾個摩呵囉兒擺起。齊拜禮，端的是塑得來可嬉。

所謂「魔合羅」，又可稱之為「摩訶羅」、「磨喝樂」等，是梵語的音譯，是佛經中的神名，傳自西域。在宋代小說、元雜劇中，魔合羅成為漂亮可愛的化身。如《十三郎五歲朝天》：「又是一個眉清目秀，唇紅齒白，魔合羅般一個能言能語，百問百答。」又如《忍字記》：「花朵兒渾家不打緊，有魔合羅般一雙男女。」

一般來講，魔合羅是小塑的土偶，但用雕木彩裝欄座，或用紅紗碧籠裝罩。也有將魔合羅裝飾得金珠牙翠，所以貴重的值數千錢。魔合羅製作最為精巧、最為貴重的，當首推皇家。

《武林舊事》記：「七夕」前「修內司」按著規例要進十桌「摩喉羅」，每桌三十個，大約高至三尺，或用象牙雕鏤，或用龍涎佛手香製造，全用鏤金珠翠，衣褶、金錢、釵鐲、佩環、珍珠、頭鬚及手中所拿的戲具，都是「七金」作成，並用五色鏤金紗櫥放置。

最為廣泛的還是泥塑的魔合羅，在宋元俗稱為「泥孩兒」。《醉翁談錄》記東京的「七夕」，城中多賣「泥孩兒」。這些「泥孩兒」端正細膩，大小不太一樣，穿著男女各式服裝，南方人又管它叫「巧兒」。在魔合羅的塑造上，以宋代蘇州地區製作最為精巧，這在《歲時廣記》、《方輿勝覽》中都有明確記載。

《湖海新聞夷堅續志》就曾記道：臨安的風俗是，到西湖遊玩的人，都以買蘇州泥孩兒為時尚。有的女子將買來的蘇州泥孩兒，置於床屏之上，天天玩耍也不厭倦。更多的遊湖者，紛紛競買這種稱為「湖上土宜」的泥玩具，以分贈友好。也有人形象地稱這種泥捏的兒童玩具為「黃胖」，《白獺髓》中有詩道：

兩腳捎空欲弄春，一人頭上又安人。不知終入兒童手，筋骨翻為陌上塵。

使這種泥玩具的神韻頓現。

據此看來，魔合羅的製作的確十分精巧，製作者的功勞是不可埋沒的。其中優秀者如南宋吳縣木瀆人袁遇昌，他塑的魔合羅，被人譽為「天下第一」。他所製作的一對高六七寸的魔合羅，價值三四十緡[11]，塑的齒、眉、髮、衣襦、褶裙等活靈活現。他還能塑泥美人及人物故事，以十六齣為一堂，形式多樣。在江蘇鎮江宋代遺址中，還發現過其他蘇州玩具製造者捏塑的神像、人物、兒童角牴等陶像，高十餘公分，用泥摶埴捏成後經過燒製，不施釉，略加彩繪，上有「吳郡包成祖」、「平江包成祖」和「平江孫榮」等戳記。

但是也有外地製泥玩具優秀者，如北宋鄜州（今陝西省富縣）人田玘，他製作的泥魔合羅姿態無窮，當時東京玩具製造匠仿效他的塑作，終不能及。田玘塑的魔合羅，一時價高至十縑帛，五個或七個孩兒群像的玩具，值三萬錢。他塑的小泥魔合羅像只有二三寸，大的也不過一尺高。陸游曾收藏過他所塑的一對臥孩像。

魔合羅的盛行，還帶動了其他玩具的製作。如宋元較為流行的小玉人、玉筆山、小玉龜等各種玉雕玩具，其中最為典型的玉雕童子，就明顯受了魔合羅的影響。玉雕童子的造型一般為短衣窄袖，手腕戴環，有的身著小馬甲，大肥褲，形態各異，或模仿唐代飛天，或攀枝欲立，或行走舞蹈，或執荷葉為傘……北京故宮博物院現存有數十個這類宋元玉雕童子玩具，使我們領略到了宋元玩具的精美。

節慶性玩具，是朝廷舉行隆重慶典時，商販投其所好而製作的。如北宋東京金明池出大龍船時，皇宮後苑便將雕牙鏤翠、極盡精巧的「小龍船」呈現出來，民間商販則仿效製作「御座龍船」，及競渡龍船、虎頭船，上街叫賣。

這些東西雖然作工水準不一，但買的人卻很多。目前現存的宋代年畫〈子孫和合〉一圖，畫有三個兒童在一扁長石盆中做放舟之戲。石盆中的小木船，上有桅杆、樓閣，精緻小巧，一個兒童手中所拿的小木船則又為另一樣式，類似〈清明上河圖〉中的平頭船，可見宋代的玩具小船是很多的。

另外，每逢皇家大象出行，人們都來觀看。於是小商販便又製作大象玩具出售，許多人便買回送給不能看到大象出行的親友。在清明節時，各紙馬鋪，又在當街，用紙折疊成樓閣，用這樣的玩具招攬顧客。

在宋元節慶、時令時，還製作了既可觀賞又能食用的食品玩具。像七月七日，東京城內，在小土板上敷土種粟，使之生苗，置小茅屋、花木，作田舍、村落、人物等。九月重陽，商販便用粉做成獅子蠻王的形象出售。

11緡：音同「民」，成串的錢。

《朴通事諺解》記元大都人們在春天舉行「賞花筵席」時，席面中間要放上「象生纏糖」，這種糖食品實際是一種賞食兼備的玩具。它是用白糖、白芝麻相和，用火煎熬，傾入木模印內，待涼後，與果實相似。白糖化後，用木印澆成，再用芝麻二合纏糖。「象生」，則是像生物的形狀的意思，「象」諧作「像」。木印，用木刻成物狀，成為範本。如獅仙糖，是用糖印做騎獅子的仙人形象，也有用糖印做樓觀、僧佛形象的。有這樣的食品玩具，既可大開胃口，又可一飽眼福。

宋元玩具第三個特點是新奇玩具不斷湧現。像眾所熟知的走馬燈，是世界上第一種利用熱力發動燃氣輪的原理製作出來的玩具。沈括《夢溪筆談》還記：世人以竹木牙骨之類為「叫子」，放在人的喉嚨裡吹，能作人言，喚作「顙叫子」。《水滸傳》中就有這麼一位「鐵叫子」樂和，他的專長就是唱曲，想是也用「叫子」，否則就不會有「鐵叫子」的綽號。由此也可見「叫子」這種玩具的普及。

有的人則追求玩具的極致。《夷堅志》就記道：有一高一尺五寸，闊二尺五寸的象棋桌，中可貯棋盒，四周有欄，沉香木的棋面，界線均是牙柵，外面用烏木、花梨木、檀木數匝緣飾，用來降真香刻水浪，加金填，而浪頭填以銀，芳香襲人。

不獨棋桌如此新穎，人們玩的棋也不斷推陳出新，像宋元的「馬棋」。它的雛形原是一種一將十馬的「關西馬」和一種一將二十四馬的「依經馬」。這兩種「馬棋」流傳很久，各有圖經，行移賞罰，互有異同。宣和年間，人們採兩種「馬棋」之長，定名為「宣和馬」。到了南宋，這種「馬棋」已「用五十六采之間，行九十一路之內，明以賞罰」，十分完備。它在「打馬圖」上，「或銜枚緩進，已逾關塞之艱；或賈勇爭先，莫悟井塹之墜」，頗有趣味，很受宋元市民的歡迎。

更為獨特的是，在《水滸傳》中描寫了這樣一個場面：宋江與盧俊義等騎馬行進在東京城裡，「只見街市上一個漢子，手裡拿著一件東西，兩條巧棒，中穿小索，以手牽動，那物便響」。宋江不識，一問才知這種玩具叫「胡敲」，實際上就是「扯鈴」。「巧棒」就是耍弄扯鈴的短棒，「小索」就是兩根短棒間的短繩，宋江看到的是一種「雙頭扯鈴」。

據專家研究，它的製作是中間一個細短木軸，軸兩頭各有一個兩頭封閉的短竹筒，竹筒短而大，周圍開著口，轉動時會發出聲音。耍弄扯鈴的工具是有短繩相連的兩根竹棒，用短繩支持扯鈴軸，然後扯動竹棒，扯鈴在繩上是對稱的，不但能平衡而且能由繩的扯動而轉起來，也就是把它「抖」起來了。這是利用陀螺裝在平衡環架上旋轉的獨特性能而發明的玩具。

儘管《水滸傳》是小說，但從宋代機械製造水準來看，製造這樣適宜大眾玩耍的玩具，並把它推向市場，是沒有問題的。因為從宋元製作機械木偶的水準還可互證，其水準是相當

高的。李嵩〈骷髏幻戲圖〉可以證明：一大骷髏以數絲懸吊一小骷髏的懸絲骷髏，引逗小孩兒玩，骷髏關節十分複雜，絲線有十餘條。元代姬翼詩云：

造物兒童作劇狂，懸絲傀儡戲當場。般神弄鬼翻騰用，走骨行屍晝夜忙。

通過此詩可知，懸絲木偶將元代兒童吸引得如痴如醉，同時也折射出了宋元玩具製作的新奇。

李開先與笑話

《金瓶梅詞話》中貫串著大量的時興小調、散曲、套數[12]、院本[13]、雜劇、傳奇、寶卷及其他話本材料，尤其是書中捏合穿插的笑話，更是妙趣橫生。雖然其中不乏低級趣味，但大部分笑話恰到好處，如第九十三回〈王杏庵仗義賙貧任道士因財惹禍〉中寫道：

西門慶的女婿陳經濟窮困潦倒，無奈出家。收留他的任道士為了考察他老實不老實，一次出門，吩咐陳經濟：那後邊養的一群雞，是鳳凰，我不久功成行滿，騎牠上升，朝參玉帝；那房內做的幾缸，都是毒藥汁，若是徒弟壞了事，我也不打他，只與他這毒藥汁吃了，直教他立化，你須用心看守。慣於吃喝玩樂的陳經濟，識破了他的謊言，把最肥的一隻雞宰了，

12 套數：劇曲或散曲中，聯合同一宮調或管色相同之數曲為一首尾完整且同叶一韻的曲子。因為其曲成套且可數，故稱為「套數」。也稱為「套曲」、「散套」。數，音同「樹」。

13 院本：中國古代一種戲曲腳本，源自北宋雜劇。院本大多劇情簡單、內容滑稽，反覆使用同一支曲。

把酒篩熱，一邊吃還一邊得意地唱，待任道士詢問時，陳經濟回答道：

告稟師父得知，師父去後，後邊那鳳凰不知怎的飛了去一隻。教我慌了，上房尋了半日沒有，怕師父來家打。待要拿刀子抹，恐怕疼；待要上吊，恐怕斷了繩子跌著；待要投井，又怕井眼小掛脖子。算計的沒處去了，把師父缸內的毒藥汁，舀了兩碗來吃了。

歇臥一日兩日三日忽一日任道士師徒三個都往人家應福
做好事去任道士留下他看家徑智賺他王老居士只說他老
實看老實不老實臨出門分付你在家好看着那後邊養的一
對鷄說道是鳳凰我不久功成行滿騎他上昇朝參玉帝那房
內做的幾缸都是毒藥汁若是徒弟壞了事我也不打他只與
他這毒藥汁吃了直教他立化你須用心看守我午齋回來帶
點心與你吃說畢師徒去了這經濟關上門笑道豈可我這些
事兒不知道那房內幾缸黃米酒哄我是甚毒藥汁那後邊養
的幾隻鷄說是鳳凰要騎他上昇于是揀肥的宰了一隻退的
淨淨煮在鍋裡把缸內酒用鏇子舀出來火上篩熱了手撕鷄
肉蘸着蒜醋吃了個不亦樂乎還說了四句黃銅鏇舀清酒燭

金瓶梅詞話 第九十三回 十二

籠篩月白汚雞蘸蒜鳳凰飛去正吃着只聽師父任道士外
邊叫門這經濟連忙收拾了家伙走出來開門任道士見他臉
紅問他怎的來這經濟徑低頭不言語師父問你怎的不言語
經濟道告稟師父得知師父去後後邊那鳳凰不知怎的飛了
去一隻教我慌了上房尋了半日沒有怕師父來家打待要拏
刀子抹恐怕疼待要上吊恐怕斷了繩子跌着待要投井又怕
井眼小掛脖子算計的沒處去了把師父缸內的毒藥汁舀了
兩碗來吃了師父便問你吃下去覺怎樣的經濟道吃下去半
日不死不活的倒像醉了的一般任道士聽言師徒們都笑了
說還是他老實又替他使錢討了一張度牒以此俚後凡事並
不防範正是三日賣不得一担真一日賣了三担假這陳經濟

《金瓶梅詞話》第九十三回書影

這一笑話既烘托了人物的個性，又使故事情節饒有風趣，耐人尋味，起到了畫龍點睛的作用。然而究其根源，這種嘲諷道士的行徑，並不自明代始，它的雛形見於唐代敦煌卷子本《啟顏錄》。它是這樣寫的：

嘗有一僧忽憶餛吃，即於寺外作得數十個餛，買得一瓶蜜，於房中私食。食訖，殘餛留缽盂中，蜜瓶送床腳下，語弟子云：「好看我餛，勿使欠少，床底瓶中，是極毒藥，吃即殺人。」此僧即出。弟子待僧出後，即取瓶瀉蜜，搵餛食之，唯殘兩個。僧來即索所留餹蜜，見餹唯有兩顆，蜜又吃盡，即大嗔云：「何意吃我餹蜜？」弟子云：「和尚去後，聞此餹香，實忍饞不得，遂即取吃。畏和尚來嗔，即服瓶中毒藥，望得即死。不謂至今平安。」僧大嗔曰：「作物生，即吃盡我爾許餹。」弟子即以手於缽盂取兩個殘餹，向口連食，報云：「只做如此吃即盡。」此僧下床大叫，弟子因即走去。

目前尚無材料證實《金瓶梅詞話》作者是否看過《啟顏錄》，但偷酒與偷餹這一驚人的相似之處，就足以表明《金瓶梅詞話》作者在創作時即使沒有看過《啟顏錄》這本笑話集，也是銳意窮搜此類笑話素材的。否則，陳經濟出家在寺院偷喝師父的美酒，與佛門弟子偷吃師父的佳餹這明顯的繼承痕跡做何解釋？

筆者認為：正是由於《金瓶梅詞話》作者對民間俗文學採取了一種不擇細流、不嫌卑微的態度，把它融會到自己的筆端，才形成了《金瓶梅詞話》這一廣闊的大海，這才堪稱文學大師的風範。後代的民間俗文學不是從《金瓶梅詞話》中汲取養料，又繁衍出新的笑話嗎？清代小石道人纂輯的笑話集《嘻談錄》中就有一則〈偷酒〉，它是這樣寫的：

一先生好飲酒，館童愛偷酒，偷的先生不敢用人，自謂必要用一不會吃酒者，方不偷酒，

然更要一不認得酒者，乃真不吃，始不偷也。一日，友人薦一僕至，以黃酒問之，僕以陳紹對。先生曰：「連酒之別名都知，豈止會飲。」遂遣之。又薦一僕至，問酒如初，僕以花雕對。先生曰：「連酒之佳品竟知，斷非不飲之人。」又遣之。後又薦一僕，以黃酒示之，不識；以燒酒示之，亦不識。先生大喜，以為不吃酒無疑矣，遂用之。一日，先生將出門，留此僕看館，囑之曰：「牆掛火腿，院養肥雞，小心看守。屋內有兩瓶，一瓶白砒，一瓶紅砒，萬萬不可動；若吃了，腸胃崩裂，一定身亡。」叮嚀再三而去。先生走後，僕殺雞煮腿，將兩瓶紅白燒酒，次第飲完，不覺大醉。先生回來，推門一看，見僕人躺趴在地，酒氣熏人，又見雞、腿皆無，大怒，將僕人踢醒，再再究詰。僕人哭訴曰：「主人走後，小的在館小心看守，忽來一貓，將火腿叼去；又來一犬，將雞逐至鄰家。小的情急，忿不欲生，因思主人所囑紅白二砒，頗可致命，小的先將白砒吃盡，不見動靜；又將紅砒用完，未能身亡。現在頭暈腦悶，不死不活，躺在這裡撐命呢。」

以上三則笑話連繫起來看，是《金瓶梅詞話》作者將僧徒偷吃師父的俗講加以移植，變成了投靠他人的陳經濟偷酒喝的故事；清代《嘻談錄》中的「偷酒」，則是從《金瓶梅詞話》沿襲下來的，其中《金瓶梅詞話》作者承前啟後的關鍵作用一眼可見。

由於有《金瓶梅詞話》作者這樣具有高深文學修養的大師，注意吸收民間笑話的營養來創作笑話，使一向流行於坊間巷裡的笑話，成為文學體裁中不可缺少的一部分，昂首在典雅的文學殿堂裡穩穩地占住了一個席位。這種局面的形成，《金瓶梅詞話》作者的功勞是不可埋沒的。

一些研究《金瓶梅詞話》的專家研究認為：《金瓶梅詞話》的作者是文學大師李開先，姑且認為李開先是《金瓶梅詞話》的作者吧，因為李開先確實在挖掘笑話之類的通俗文藝方面是不遺餘力的，並把它體現在自己的創作中。李開先的《打啞禪[14]院本》就是這樣一個例證：

一個喚賈不仁的屠夫，綽號「皮裡穿」。因無營運，他上街尋個豬來賣了養家。在山門前看到打「啞禪」的帖子：有人打了，便可得十兩葉子黃金。賈不仁不曾看過佛經，也不會打啞禪，但揭了「招帖」。他想的是：若撞得著，便騙他十兩黃金；撞不著，也不該打罪，也不該罵罪，只是不理我便了。

有趣的是，就是這樣的什麼也不懂的屠夫，竟然贏了那「讀過了幾千萬卷藏經」的長老，

14啞禪：禪宗提倡靜慮、頓悟，常以動作示意，使人領悟禪理。

其手段是通過「打啞禪」。按照長老的解釋是：

他伸一指是一佛出世；賈屠伸二指是二菩薩來涅槃。長老伸三指是佛法僧三寶；賈屠伸五指是達摩傳流五祖。長老點頭是如來意；賈屠往長老指一指，又將自家指一指，這是無人無我。長老唧唧眼是彌勒佛掌教；賈屠把鬍子摸一把是彌勒佛入定後，此心瞭然不覺。長老出十個指頭，拳回三個，是生之徒十有三；賈屠也照樣，是死之徒也十有三。

長老雙手往地下拍兩拍，是無明業火，按捺不下；賈屠往空中指兩指，是空即是色，色即是空。長老往腰邊摸兩摸，是二戒貪嗔好殺；賈屠把雙手纏幾纏，是不好殺之人，十八尊羅漢輪流轉過來。長老出三個指頭，拳回一個；賈屠便舒手指掐算道：可是三教歸一，佛門最長。長老往城牆上指一指，回身向地下坐；賈屠也照樣，這是：如來夜半逾城苦行，林中端坐。

可是到了賈屠那裡，這些佛門經典全走了樣。賈屠認為長老伸一個指頭，是說寺中有一個豬要賣。他便伸兩個指頭，回答長老：不多不少，換二百個好錢。長老伸三個指頭，賈屠伸五個指頭，這是：寺中一閘三個豬都要賣，零買二百錢一個，共該六百錢。總買少不得討些便宜，換他五百好錢。

長老點點頭，賈屠將長老指一指，又將自家指一指，這是：平得過你心，就平得過我心。

長老唧唧眼，賈屠把鬍子摸一把，這是：然後就來。長老伸出十個指頭，拳回三個，這是：今日十二，我到十三日就要豬錢。賈屠也照著這樣伸拳伸手指，是表示：到十三日就給你。

長老往地下拍兩拍，賈屠往空中指兩指。賈屠說：這是長老認為豬在寺中餓了一場，賣與世人食用，把這兩榔頭饒了牠罷！我往空中指兩指，這是對天盟誓，若打牠一榔頭，我就不是個人！

長老往腰邊摸兩摸，賈屠認為這是長老要把兩個腰子送來，與山僧解饞。賈屠把雙手纏幾纏是表示：休說是這兩個腰子，就是這副豬腸都抖摟與你吧！

長老伸出三個指頭，拳回一個，賈屠理解為：長老平日認得三個婦人，只有一個好的。長老向城牆上指一指，回身向地下坐，賈屠說這是長老吃了豬腸和腰子，飽暖生閒事，把這婦人從城牆上引過來，地下同坐著，任意所為吧？

禪宗語錄，肇始於唐。自此以後，禪宗其特殊的思維方式，就像一片葉子，在世人面前呈現出不同的兩面，一面是止觀佛法，高深莫測；一面是方言口語，活潑天然。李開先將兩面糅為一體，運斤如風，舉重若輕，融入笑話的體裁，從而創出了獨特的風格。無論從哪個角度來說，它都不愧是歷史、文學、哲學上的一朵奇葩。

在李開先的妙筆下，一個滿腹經綸的長老，一個大字不識的屠夫，一對本來就風馬牛不

相及的人物，卻煞有介事地「鬥法」，而且結果竟是屠夫勝了長老。這種雅俗同爐，自相矛盾，但又亦莊亦諧的碰撞，其效果是分外強烈的，令人忍俊不禁。這一笑話聽起來真是不可思議，似不正常，然而，卻正是李開先所處時代各種思潮互相撞擊的迴響——

在明代一股狂禪之風洶湧而來，主張解脫無礙，放蕩不羈，跳出窠臼，破除成規，許多人都一下子從禁欲邁到了適意。做為主張縱欲的市民階層代言人賈屠，在「禪」的形式中出現就是這樣的一個具象。他與長老「打啞禪」，在本質上和袁宏道的「趣」、李贄的「童心說」、焦竑的「脫棄陳骸，自標靈采」等大膽懷疑、離經叛道的異端思潮是一脈相通的。不過李開先卻別開新格，選擇了笑話，深入淺出地闡釋自己的這一思想，這是他比同輩學者、作家高明之處。

李開先也許張揚《打啞禪院本》不是為笑而笑，而是有更深層次的內涵，在此劇之首，他就寫下了「暫閉談天口，靜觀打啞禪」的詩句，在此劇最後，又寫下了「世事顛倒每如此，眼前瑣碎不堪觀」的句子，這是在告訴人們，在笑聲中去加深對禪的奧蘊的思索……

值得一提的是，李開先對笑話的創作，直接給後來的相聲以催化。按照曲藝專家的研究，傳統相聲起於清代，筆者不以為然。從《金瓶梅詞話》中的陳經濟偷酒，到《打啞禪院本》，筆者認為，傳統相聲的形成期應予提前，至少應該提前到李開先所生活的時代。

因為在明代，這種或一個人說、或兩個人說的樣式，已經在萌芽、在茁長、在成熟。由劉寶瑞（中國相聲第六代演員，一九一五年生）整理、表演的單口相聲《學徒》，由常連安（中國相聲表演藝術家，一八九九年生）整理、表演的單口相聲《山東鬥法》，都帶有李開先創作的笑話的明顯痕跡，這難道是偶然嗎？

明清象聲[15]

象聲起源於何時？《史記．孟嘗君列傳》載：孟嘗君的門客，為騙出關，學雞鳴，於是「雞齊鳴」。曲藝專家認為，這條史料可稱得上是有關象聲最早的記載。可以這樣說，自先秦以來，象聲的源頭基本是一種以像活、像真為內容的口技性質的技藝，如宋代《繁勝錄》、《夢粱錄》所說的「喬像生」、「像聲」，在繁衍流傳著……

這種摹擬聲音的口技，在明清已成為獨立的藝術樣式。其特點是從單一的模仿某一種聲音，發展到了匯各種聲音於一爐的「象聲戲」。鈕琇《觚賸》對這種「象聲戲」作了這樣的刻畫：

一音乍發，眾音漸臻。或為開市，由廛主啟門，估人評物，街巷談議，牙儈喧呶，至墟散而息。或為行圍，則軍師號召，校卒傳呼，弓鳴馬嘶，鳥啼獸嘯，至獵罷而止。自一聲兩聲以及百千聲，喧豗雜遝，四座神搖。忽聞尺木拍案，空堂寂如，展屏視之，一人一几而已。

〈憲宗元宵行樂圖〉中的口技藝人

在這條史料裡，鈕琇還提出了象聲是「蓋得嘯之遺意而極於變者」的觀點。這就是說，於魏晉至鼎盛的口哨音樂「嘯」，也是象聲的源頭。成公綏有〈嘯賦〉讚其魅力：「假象金革，擬則陶匏，眾聲繁奏，若笳若簫。」所以，錢鍾書先生在《管錐編》中論「嘯」道：

則似不特能擬笳簫等樂器之響，並能肖馬嘶雁唳等禽獸鳴號，儼然口技之「相聲」。

的確，明末的汪京，就別號「長嘯老人」，陳鼎為他立《嘯翁傳》，說他：

能作鸞鶴鳳凰鳴，每一發聲，則百鳥回翔，雞鶩皆舞。又善作老龍吟，醉臥大江濱，長吟數聲，魚蝦皆破浪來朝，黿鼉多迎濤以拜。

15象聲：即相聲。古作「像生」，原指模擬別人的言行，後發展為「象聲」。經清朝時期開展至民國初年，象聲逐漸從一人模擬口技發展為單口笑話，名稱亦隨之轉為「相聲」。之後並逐步發展出對口相聲、群口相聲等。

這是「嘯」給象聲以影響的明證。

由於象聲從嘯等各種藝術汲取養料，所以它格外迷人。康熙時的屈復，從少年起就苦苦追聽象聲，直到雍正元年（一七二三年）的冬天，在北京的「蘭雪堂」夜宴中，屈復才聽到了仰慕已久的「俗名曰像聲兒，亦名口技」的表演。表演者是一白首老盲藝人，他「垂帷而作，無不神妙」。屈復有感於「此戲自子史而外，百家小說皆所不載」，便在其著作《弱水集》中用詩歌頌了這位傑出的象聲藝人高超的技藝：

中有瞽者厖目鬚，歷歷碌碌六尺軀。主人指此前揖客，試令作技為歡娛。
獨閉空房簾垂地，衣履之外一物無。依微漫話招尋侶，往復披展通情佇。
先時兩兩後三三，多或十十少五五。疾徐高下亂紛紜，陰陽少壯齊爾汝。
未睹形容只辨聲，聲裡偏能傳言語。賓客無言燈熒熒，童僕盡倚倚羅屏。
排憂非樂參神會，不噓不睡側耳聽。忽聞喁喁兼絮絮，十二峰頭相送迎。
雲飛雨散夜將半，小兒夢中啼咿嚶。忽聞朱門張公子，泣罷前魚嬌鳥鳴。
忽聞六街烈火燃，忽聞鳴犬叫寒煙。舉頭忽見銜簾出，霜濃星淡月當軒。

> 四坐賓客方大笑，傾壺覆盆誰能約。

屈復用文字勾畫出了一幅「象聲表演圖」。詩中聽眾對象聲如醉如痴的神情，躍然紙上，令人神往。也使人瞭解到，達官貴人在府第開堂會請藝人助興時，象聲也可堂而皇之地列為必備節目之一了。陳森《品花寶鑑》中就有：一群公子品花宴上，在招來伺候的「一班十錦雜耍」裡有「一回像聲」的表演。

從明清象聲的藝人數量、品質等方面來說，北京是占有優勢的。俞宣《挑燈集異》記萬曆四十三年夏，他在北京與人夜坐，僕人喚來一象聲表演者，只聽得：

> 一會兒壁後鼓樂喧奏，一會兒微聞犬吠，由遠漸近，互相爭食，廚人呼叱。一會兒，雞鳴聲漸，雞亂唱，主人開籠，宛然雞呼子，雌雄勾引，忽然鵝鴨驚鳴，與雞聲鬧和，恍如從蔡州城下過。一會兒又聽三四月小兒啼聲，父呼，其母令乳兒含乳，咂咂作吸乳聲……

在夜間也可以找到這樣絕妙的象聲表演者，這顯示出了明代北京的象聲是有雄厚基礎的。清代北京，更是象聲名家輩出，「車王府」單唱鼓詞《風流詞客》展示了一位宛平縣人

氏，「原籍姓馬把像聲裝」：

尖團憨細各有各腔。學老婆兒齒落唇僵半吞半吐，學小媳婦嬌音嫩語不柔不剛。學醉漢呼六喝么連架式，學書生咬文咂字忒酸狂。學怯音句句果然像八府，學蠻語字字必定仿三江。西府的鄉談他也會打，惟有那山東話兒說的更強。常言道裝龍要像龍裝虎要像虎，裝的像才教人越聽越愛不能忘……

至於清代其他地方，表演象聲技藝獨特者也大有人在，如四川的《合川縣誌》所記：

布成小圍，以竹作骨，中伏一人，變態百出：有鳥獸、昆蟲聲，有喚賣麵聲，有酣睡聲，有老嫗嗽聲，有男婦囈語聲。有輾轉反側聲，有小兒尿聲，哭啼聲，鄰家嘲語聲：或盜賊入戶聲，或街頭失火聲，或眾人鼎沸聲，無聲不備，無聲不肖。

由佚名所作的《蝶階外史》還可以看到：

山東濟寧一乞丐，能作雄雞報曉聲、鴉雀爭噪聲、牛鳴聲、犬吠聲、蟋蟀聲、蚯蚓聲、長空雁唳聲、夜鼠齧衣聲、餓貓捕鼠聲、蒼鷹搏兔聲、馬嘶聲、車轔聲、磨室籮麵聲、萬戶擣衣聲……凡世間所有，均可盈耳。最絕者，呼呼作風聲，拔山撼樹，駭浪驚濤，一時並舉，復有千百帆檣，互相撞擊，舟人撐篙把舵，竭力喊號，勢糾紛而不可解。頃刻，突然一聲如巨霆轟震，萬籟俱寂……此人「象聲」技藝之妙，使小學生沉迷不能自拔，以致「聞其人過，即逃塾聽其技」。

這種絕技，非一朝一夕之功，更有其歷史源流。明嘉靖才子李開先就曾為山東濟寧一喚作「劉九」的盲藝人作《瞽者劉九傳》，說他：「市語方言，不惟騰之口說，而且效其聲音。」劉九以此名世，即使有久鬱積憂者，只要一遇到劉九也會解愁而笑。劉九與《蝶階外史》中所提到的乞丐同為山東濟寧人，他們之間是否有傳承關係？尚未見文獻記載，似可做進一步探索。

南方的象聲，又別名為「隔壁戲」。范祖述《杭俗遺風》說清代杭州「隔壁戲」的表演：

> 橫擺兩張八仙桌，踏起布幃，一人藏內，惟有一把扇子，一塊錢板，便能作數人聲口，鳥獸叫喚以及各物響動，無不確肖。

南方的象聲，有一值得注意的現象，那就是它給予評書表演以有益的借鑑。張岱《陶庵夢憶》記明代評書藝人柳敬亭在說〈景陽岡武松打虎〉時的情景：

嘞夬聲如巨鐘。說至筋節處，叱吒叫喊，洶洶崩屋。武松到店沽酒，店內無人，謈地一吼，店中空缸、空壁皆甕甕有聲。

柳敬亭假如不像象聲藝人那樣練習仿效各種聲響，他的說書無論如何也達不到這種程度。

顧祿的《清嘉錄》又對南方表演鳥叫的象聲藝人做了刻畫：

以扇撲桌，狀鳥之鼓翅，繼作百鳥之聲，皆出自口中，謂之百鳥像聲。

李斗《揚州畫舫錄》亦可證之：揚州有專門學鳥叫的象聲行當。陳三毛、浦天玉、謊陳四等一批藝人側身其間，其中佼佼者為井天章，遊人經常請他在畫舫中與鳥鬥鳴，聽眾認為他可以和北京的「畫眉楊」並稱。

「畫眉楊」是清嘉慶年間北京的一位能為「百鳥之語，其效畫眉尤酷似」的象聲藝人。昭槤《嘯亭雜錄》記載：

> 作鸚鵡呼茶者，宛如嬌女窺窗。又聞其作鸞鳳翱翔，戛戛和鳴，如聞在天際者。至於午夜寒雞，孤床蟋蟀，無不酷似。

還有一次，「畫眉楊」作黃鳥聲，「如睆睆於綠樹濃陰中」，韓孝廉因此聲而起思鄉之情，竟落了淚。

使人欣喜的是，「畫眉楊」又有徒弟繼承他的技藝。許起《珊瑚舌雕談初筆》記一姓郎的象聲藝人：

> 作鸚鵡呼茶聲，宛如嬌女窺窗，年少聞之，莫不心宕神移，魂飛魄越。又作鸞鳳音，翱翔天際，戛戛和鳴，令人心氣和平。至於午夜寒雞，荒郊喔喔，恍覺旅征早起，無限淒涼；如孤床蟋蟀，籬落秋蟲，懶婦驚心，愁人助嘆。一日忽作子規聲，幽怨難名，回腸欲裂。在

座者俱觸鄉思，因之墮淚，不能終聽。

以此文與記「畫眉楊」文對照，不難發現，兩文如出一轍。清代文壇，輾轉抄襲，屢見不鮮，此誠非怪事，但相繼有人用幾乎無差別的文字，為一對學鳥叫的象聲師徒作錄，只能從「畫眉楊」影響之巨，技藝之絕，傳承之深去解釋。

我們還可以從清代〈望江南〉詞去尋求旁證，其中就有「都門好，口技擅禽鳴。錦舌瀾翻江海水，伶牙慧譜鳳鸞聲」的句子。如果形容一個人聰明，也是以「能效百鳥聲」為準，如吳長元《宸垣識略》所說的毛西河的「姬人買珠」。實際這都是從另一個方面表達出了人們對「畫眉楊」之類的象聲的喜歡之情。

可是，從整個象聲技藝看，許多象聲表演者已不滿足於單一的學鳥叫，而是要仿效各種聲音，以致要描摹社會情態。如康熙年間褚人獲的老師周德新，就善於表演「演操」，自撫軍初下教場放炮，到比試武藝，殺倭獻俘，放炮起身，各人的聲音，無不酷肖。還有陸瑞白，善於作釘碗聲，群豬奪食聲，僧道、水陸道場上的鈸聲，大鐃、小鐃，雜以鑼鼓，無不合節，使聽者都忘掉了疲勞。子弟書〈鴛鴦扣〉說那學鳥叫的「畫眉楊」，也兼表演相聲〈大鬧酒樓〉……

由於象聲是和許多不同門類的藝術同一場合演出的，如清車王府鈔藏曲本子弟書〈女筋斗〉所說：「先是評書把場面引，緊連著響當鼓彩相聲兒等等。」在各方面的藝術薰染下，出現了集大成者：

如郎瑛《七修類稿》記天順年間的杭州人沈長子，就善為四方之音，凡遇別省郡客，隨入其聲，人莫知其為杭州人。就是釋道諸行，舌之巧，皆能言之，而且至精入神。類似沈長子這樣的象聲藝人已不在少數。

象聲表演

清代邗上蒙人《風月夢》就展示了一位既可學「各色鵲鳥聲音，並豬鴨狸貓雞鳴犬吠，又學推小車大車牛車騾車輕重上下各種聲音」，也兼學各色身分人物聲情，名叫王樹仁的象聲藝人。他所學的人物，有七八十歲的老婦人，操泰州口音的年輕媳婦，稚氣未盡的小和尚，三十餘歲的山西侉男子。其間穿插年輕媳婦為老婦人捶背聲，年輕媳婦學唱小曲〈南京調〉聲，叩門、開門、關門聲，拉扯打架聲……

不過這種象聲，為了迎合某些聽眾的低級趣味，往往以男女調情、偷奸等市井下流貨色為主，江湖行話管它叫「臭春」。雲遊客《江湖叢談》說，至清末，由於表演這種象聲太缺德，各市場就全部將其取締了。

還有的是盡說俗氣話的象聲，清車王府鈔藏曲本子弟書〈隨緣樂〉說「說隨緣樂相聲絕妙」，有人去聽「說幾句俗白，不過是湊趣；都是那匪言鄙語，巷論街談」，結果「予本是乘興而來敗興返」……

這些只是象聲發展過程中一個小小的末流，不能代表象聲的全部。

第二章

中外相會

現在是東西方都要承認和尊重中國貢獻的時候了！

——《中國：發明與發現的國度》編撰者 羅伯特・坦普爾

高爾夫球源何在

今日風靡世界的高爾夫球運動，早在十四世紀時，在中國就已經十分成熟了。這不單有世人所公認的系統的高爾夫球理論著作《丸經》可以佐證，更可以從鮮為人知的《朴通事諺解》一書得到證實。

《朴通事諺解》出版於西元十四世紀中期的高麗國（今朝鮮），它是一本專為高麗人來華使用的漢語教科書。「朴」為高麗人的常用姓，「通事」為翻譯之稱，「諺解」即對當時中國流行的語言現象所作的注釋。朴通事編撰此書是想使本國讀者，通過一系列的漢家生活場景，來掌握和瞭解中國的語言詞彙和生活習俗，所以此書對元代首都大都（今北京）的商業、手工業、書籍、雜技、民俗、宴飲、遊玩諸方面均網羅無遺，細緻描寫。而書中所描述的「捶丸」，可說即為「高爾夫球」，或是「高爾夫球」的雛形，它已具有今天高爾夫球所有的顯著特徵。

筆者現據《朴通事諺解》有關「捶丸」文字標校如下（括弧中文字係《朴通事諺解》一

書的漢語注釋）。

【上卷】

開春打球兒。（「球兒」，質問云：作成木圓球。「球兒」，質問所釋，疑即本國優人所弄杓鈴之戲，與此節小兒之戲，恐或不同。詳見下卷集覽。）

【下卷】

「咱們今日打球兒，如何？」（今按質問，畫成球兒即如本國注云，以木刷圓。）

「咱賭什麼？」「咱賭錢兒。」「那個新來的崔舍，你也打的麼？」「我怎麼打不的？」

「你是新來的莊家，哪裡會打？」「不濟事，你休問他。」「我學打這一會。」

「將我那提攬和皮袋來。（「皮袋」、「提攬」，質問云：如筐子上有圓圈，用手提攜，方言謂之「提攬」。又云：或竹或荊為之，有本等長圓提繫。今以質問之，釋考之，則「攬」字作「籃」為是，然此兩釋，似皆不合本意，未詳是否。）拿出球棒來。（「球棒」，質問云：如人耍木球，耍木棒，一上一下，用有柄木杓接球，相連不絕，方言謂之球棒。又云：此戲之一端也，有球門，有窩兒，中者為勝，以下四者俱打球之用。）借與崔舍打，飛棒杓兒（「飛

棒杓兒」，質問：畫成球棒，即本國武試球杖之形。而下云：暖木廂柄，其杓用水牛皮為之，以木為胎。今按暖木，黃蘗木也。廂柄者，以黃蘗皮裹其柄也。胎者，以木為骨，而以皮為外裹也。）、滾子、鷹嘴，擊起球兒（「鷹嘴」，質問云：球棒上所用之物。「擊起球兒」，質問云：如人將木圓球兒打起老高，便落於窩內，方言謂之擊起球兒。）都借與你。」

「咱打那一個窩兒。」（「窩兒」，質問云：如人打球兒，先掘一窩兒，後將球兒打入窩內，方言謂之「窩兒」。又一本質問：畫球門架子，如本國抛球樂架子，而雲木架子，其高一丈，用五色絹結成彩門，中有圓眼，擊起球兒入眼過，落窩者勝。）

「咱且打球門窩兒了。」（「球門窩兒」，質問云：如打球兒，先豎一球門，上繫球窩，然後將球打上，方言謂之「球門窩兒」。又云：平地窟成圓窩，擊起球兒落入窩者勝。）

「打花基窩兒。」（「花基」，質問云：以磚砌基，其上栽花藏窩，將球打入窩內為勝。）

「打花房窩兒。」（「花房」，質問云：如打球，先立球窩於花房之上，然後用棒打入，方言謂之「花房窩兒」。凡數樣球名，用名相同如此。又云：在馬上舞球棒，一木有一尺五寸長，上下俱窩兒。今按上文，自打球兒以下，質問各說，似不穩合。先說尤不合於本節所云事意，而又無義理；後說似有可取，而又有一疑，球棒杓兒之制，一如本國武試球杖之設，即元時擊丸之事。球門及三窩兒之設，一如本國抛球樂之制，質問所畫亦同此制，詳見《事林廣記》。但今漢俗，未見兩球，而惟見踢氣球者，即古之蹴鞠也。此節打球兒，又如上卷打球兒，名同事異。但本國《龍飛御天歌》云：擊球之法，或數人，或十餘人，分左右以較勝負。棒形如匙，大如掌，用水牛皮為之，以原竹合以為柄。棒皮薄，則球高起，厚則球不高起。又有滾棒所擊之球，輪而不起，隨其厚薄，大小厥名各異。球用木為之，或用瑪瑙，大如雞卵，掘地如碗，名「窩兒」。或隔殿閣而作窩，或於階上作窩，或於平地作窩。球行，或騰起，或斜起，或輪轉，各隨窩所在之宜。一擊入窩則得算，二擊不入，隨球所止。再三擊之而入，則得算。一一擊入，則他球不得再擊而死。再擊而入，則他球不得三擊而死。此後同一擊之球，雖與他球相觸而不死，再擊之，球與他球相觸則死，此後亦同。或立而擊，或跪而擊，節目甚多。又云：擊鞠騎而以杖擊也，黃帝習兵之勢。或曰：起於戰國，所以練武士，因嬉戲而講習之，猶打球，非蹴鞠之戲也。）

「咱打不上的。看那一個球兒，老時著先打。」一霎兒，人鬧起來：「新來的崔舍，三回連打上了。」別人道：「夢著了也。」又打了一會，崔舍又打上。眾人喝彩道：「我不想這新來的莊家快打，這的喚作『人不可貌相，海不可斗量』，怎麼小看！」崔舍道：「哥，你們再也敢和我打球麼？你十分休小看人，常言道：『寸鐵入木，九牛之力。』」

《朴通事諺解》對「捶丸」的記錄，明確地告訴了我們——

在「捶丸」的競賽形式上，朴通事說：

> 擊球之法，或數人或十餘人分左右以較勝負。

這和高爾夫球比賽的單人、三人、四人等人數規定沒什麼大的區別。

對「捶丸」器材，朴通事說：「將我那提攬和皮袋來，拿出球棒來。」所謂「提攬」，即「如筐子上有圓圈，用手提攜」。今天高爾夫球比賽時，賽手自己或由專人提著或背著一個長長的裝滿各式球桿的皮袋；而在元代，去「捶丸」時，所需的各式球棒等器材，就是裝入特製的「提攬」和「皮袋」中，提攜或背著到「捶丸」場地上的。可見二者是十分相似的。

「捶丸」時所用的「球棒」和「球」，也與今天的高爾夫球相差無幾。

朴通事說：

《朴通事諺解》書影

用有柄木杓接球，相連不絕，方言謂之球棒。球用木為之，或用瑪瑙，大如雞卵。

如朴通事所述，「球」是用木或瑪瑙製成，像雞蛋大小，這與今天的高爾夫球差不多，只不過製作材料不同罷了。可是，說「捶丸」中「有柄木杓」也與今天高爾夫球桿相似，就不是一兩句話能說清的。我們需要從《朴通事諺解》問世的元代，及前後有關聯的宋代、金代、明代的圖畫、實物及史料中，去找到旁證。從山西省洪洞縣水神廟元代壁畫〈步打圖〉中「捶丸」者所持的球棒，從宋代一陶枕上正在打球的兒童手中拿的一扇形長棒，從上海博物館藏杜堇〈仕女圖〉中幾位仕女所持的球棒，我們可以獲知《朴通事諺解》中的球棒「有柄木杓」的形象，就是球棒的擊球部位，近似三角形狀。

《金史》卷三十五這樣記載當時「捶丸」的球棒：

鞠杖，杖長數尺，其端如偃月。

宋代陶枕上的捶丸圖案

「捶丸」之桿外形如同一倒置、長數尺的羹匙。雖然《金史》所記的是擊馬球的球棒，可是歷史上對球杖的記載就屬這條史料較為明確。況且，《丸經》記錄了金章宗極愛好「捶丸」，其「捶丸」球棒當然不會與馬球桿相去甚遠，因「捶丸」是從唐代打馬球變化的「步打」脫胎而來的，這是人們熟悉的史實。

一九八九年第四期《體育文史》刊載的帥培業的文章〈中國古代馬球的馬和球具〉，也披露了河北省鉅鹿縣出土的宋代絹畫〈擊鞠圖〉中的馬球桿形狀，與故宮博物院所藏明〈宣宗行樂圖〉上所畫的「捶丸」球桿一模一樣，這是個極有力的旁證。再看朴通事對球棒的解釋：「棒形如匙，大如掌」，可見，「捶丸」的球棒其長，其形，與馬球桿大略相同這一論斷完全可能成立。而這些特點不是和長一公尺左右，其桿端部如羹匙狀的高爾夫球桿很相像嗎？

關於「捶丸」的場地設施，朴通事有兩種解說。一種是射過豎起的球門「落窩者為勝」，這種設施和今天的高爾夫球場設施有較遠的距離。這是由於「捶丸」設施不可能一下子全部甩掉舊有規矩的束縛，所以在元代最初的「捶丸」中，還保留著宋代打球時設球門的習慣。

而另一種解釋則與今天的高爾夫球較為一致了，即「掘地如碗，

〈仕女圖〉（捶丸局部）

名『窩兒』。或隔殿閣而作窩，或於階上作窩，或於平地作窩」、「人打球兒，先掘一窩兒，後將球兒打入窩內，方言謂之『窩兒』。」「窩兒」也不盡一樣，有「花基窩兒」，是「以磚砌基，其上栽花藏窩」。還有「花房窩兒」，即「如打球，先立球窩於花房之上，然後用棒打入，方言謂之『花房窩兒』」。「窩」即今天高爾夫球場上的「洞穴」，布於一塊不規則的、有起伏丘陵也有平坦草坪的大場地上。「階上作窩」、「隔平地作窩」，這個意思已表達得很清楚了。還有「或隔殿閣而作窩」，元代殿閣是相當高的，可以想見「捶丸」場地之大。「花房窩」、「花基窩」則又表明「捶丸」場地是要有花草的。這與今天高爾夫球為增加比賽難度，在球場內設置一些沙坑、深草、樹木、道路等障礙區是相同的。

「捶丸」的打法和高爾夫球也一致。如「人將木圓球兒打起老高，便落於窩內」，「擊起球兒落入窩者勝」，「球行，或騰起，或斜起，或輪轉，各隨窩所在之宜」，「或立而擊，或跪而擊，節目甚多」。這些記述非常形象地告訴我們：人在打球時，只能是站著將球打起老高，擊起的球在空中作弧形滑行，要越過「障礙」落入窩者才為勝。像今天的高爾夫球比賽一樣，那時的「捶丸」就有側旋球、內外旋球等不同的擊球方式了。而且，除了站著擊球式還有跪著擊球式，各種姿勢很多。

朴通事所記「捶丸」的計分規則是：球被擊入窩則算得分，當擊球者擊球入窩時，「則

他球不得再擊」。這與今天的高爾夫球擊球規則是一樣的。

綜上所述，若用今天的眼光衡量，盛行於世界的高爾夫球的主要面貌在元代「捶丸」中就已經具備了。雖然今天高爾夫球的製作方法、高爾夫球桿的製作材料已有了變化，但是高爾夫球的基本原則是中國元代的「捶丸」就規範了的。因而，我們有充分理由證明：中國是高爾夫球的發源地。

我們從《朴通事諺解》中可以推測，朴通事不僅將「捶丸」的打法而且也將「捶丸」的器材帶回高麗國。進而，在元帝國橫跨歐亞廣闊疆域的時代，通過歐亞安全順暢的水路、驛道，大批來自西域的商人、羅馬教士、俄羅斯使者雲集於元大都，他們學會「捶丸」這種當時在世界上稱得上是高雅而有情趣的運動，並將它連同器材帶回國，向歐洲傳播，是完全可能的。

「葉子戲」的演變

關於牌的起源，以往在世界上有過不同的意見。法國學者認為是法國查理六世在位的一三九二年發明的，比利時學者則提出他們要比法國玩紙牌早，而瑞士一位僧侶的文件，卻記載一三七七年時紙牌在瑞士已非常風行了……近年來，由於中外文化交流的日益頻繁，橋牌最初起源於中國唐代的「葉子戲」這一觀點，已被越來越多的中外學者所接受。

其主要是從「葉子戲」和牌的形制和打法一致上來斷定的：

中國的「葉子戲」以天文曆法為基準，牌分四類，「以象四時」，西方的橋牌也有類似說法，四種花色象徵一年中春夏秋冬四季。西方橋牌共五十二張，而「葉子戲」在明代就已經明確分為四十張了，清代則產生了六十張一副，四人共打的紙牌樣式。

它們的方法是依次抓牌，四十張為四人各抓八張，餘八張為「中營」；六十張為每人抓十張，餘二十張另人掌握著，依次遞分給在局者。一到八或一到十，這基數和西方橋牌是一樣的。玩「葉子」，是「大可以提小」，標明萬萬貫、千萬貫等依次類推的葉子遵循「萬勝

千，千勝百，百勝錢」的規則，這也是西方橋牌最一般的玩法。特別是鬥葉兒時，喚作「發張」，以大小較勝負，牌未出時都反扣著，不讓他人看見，出葉兒後，一律仰放，鬥者以所仰之葉測未出之葉，以施斡運，這簡直是和橋牌的打法相差無幾了。至於「葉子」與橋牌的圖像，都是以人物形象為主。形狀，「葉子」與橋牌均為長方形……總之，從門類、張數、花色及對牌義的解釋來看，「葉子戲」和橋牌都是非常相像的。

倘若追溯這一驚人的相似之處的源頭的話，則要從中國的唐代說起。因為目前國內外所能看到最早的紙牌的前身「葉子戲」的記載，即人們都非常熟悉的那條史料，出自唐人蘇鶚《同昌公主傳》：

> 韋氏諸宗，好為葉子戲。夜則公主以紅琉璃盛光珠，令僧祁捧之堂中，而光明如晝焉。

為了玩「葉子戲」，公主竟讓人掌上珍貴的「夜明珠」來照明，以通宵酣作，這反映出「葉子戲」是相當吸引人的。在唐代以後的鄭樵所編的《通志略》中，還有四種「葉子戲」著錄，其中〈擊蒙小葉子格〉一卷，註明為唐五代李煜妃子周氏所撰。這確鑿地表明「葉子戲」在唐代中後期有很大魅力，也是很時髦的。

唐代「葉子」的真面目究竟是怎樣的？歐陽修在《歸田錄》中曾認為：唐代書籍用卷軸展示不易，人們便用紙製為葉子狀，上書以備檢用的稱謂、提要等。可以說最初的「葉子戲」即以此為源頭。既然可以在紙葉上寫上文字，怎麼不可以繪以圖形？從中國最早的雕版印刷品——唐咸通九年（八六八年）《金剛經》卷首扉畫、唐五代後晉開運四年（九四七年）曹元忠所印〈大聖毗沙門天王像〉來看，它們都印刷得十分精美，或側面配以文字，或下面配以文字。這樣的一頁雕版印紙，可以看作「葉子」的面目，也就是說在麻紙上印上圖像，印上文字，分為一葉一葉，可充作紙牌玩賞娛樂。

「葉子」在唐代是否傳向外國呢？有一個值得注意的現象，那就是唐咸通九年（八六八年），日本高僧宗睿返回故鄉時，帶回去中國經卷、曆書、字書、韻書一百三十四部，這就使我們有理由做出這樣的推斷：有圖文的「葉子」，作為中國雕版印刷品的一種，極有可能在這個歷史階段就開始傳向海外了。

到了南宋，在臨安都城的市場上，有專門出售「扇牌兒」即紙牌的店鋪，如西湖老人《繁勝錄》所記的「行市」中就有這一行當，可見紙牌在南宋眾多的娛樂玩具中已是有相當可觀的獨立地位。在技藝節目中，有藝人竟將猴子訓練成為「鬥葉猢猻」，為觀眾表演。在飲食

中，也有了「鬥葉」食品，而且多在年終向市民推薦的「宵夜果兒」中出現。若不是「葉子戲」十分普及，顯然不會有這樣的社會行為。

但是，宋代「葉子戲」的具體物象，不甚明瞭，我們只從《說郛》得知，有一種與飲酒連繫密切的「葉子戲」，那是曹紹的《安雅堂觥律》，其中有葉子一百一十九張，即觥贊一張，觥例五張，觥綱五張，觥律一百零八張。葉子均採錄古代善飲或嗜酒者，每張葉子用一首五言絕句概括這個掌故，以一句話作結，終寫罰酒、飲酒法。用作者的話來說：「以葉子行觴，歡場雅事也。」

《宋史．藝文志》中還有幾部「葉子戲」的著作，它們是：〈葉子格〉三卷，〈偏金葉子格〉一卷，〈小葉子例〉一卷。這標示著宋代的「葉子戲」的打法已有多種。《遼史．穆宗本紀》就記錄穆宗與群臣玩「葉格戲」，可見宋代「葉子戲」影響之大，可惜的是遺存的史料十分寥寥。

元代，由於蒙古的西征，疆域擴大到了歐洲，這大約是紙牌傳入歐洲的時刻。笨重的火槍都是由元人在這時傳入歐洲的，更何況隨身便可攜帶的數十張紙牌呢？拉施特《史集》就記述了遠征歐洲的蒙古人是非常奢侈於娛樂的，他們每到一地，都要玩上幾個時辰，消磨時光，玩紙牌自娛是最合適不過了。

但是，義大利學者卻認為是威尼斯商人在漫漫旅途中，為了排遣寂寞而發明了紙牌。這一主張恰恰可以成為來到中國的馬可．波羅，或去歐洲的中國人將紙牌帶往義大利的一個證明，而不是相反。法國著名東方學者萊麥撒就曾說過：

> 歐洲人最初玩的紙牌，其形狀、圖式大小及數目，皆與中國人所用者相同，或亦為蒙古輸入歐洲者。

史實表明，當時的歐洲印刷條件還不具備大量印製紙牌來娛樂的程度。直到十四世紀末，歐洲才有印刷所。在此之前，歐洲所出現的紙牌只能是從中國傳去的。是紙牌的傳入，推動了歐洲印刷業的產生。現在發現最早的歐洲雕版印刷品是一幅刊明為一四二三年的聖克里斯多夫像，圖像下面也附有文字，這和中國上有圖像下有文字的印刷品完全相同，以此也可推斷，歐洲最初的紙牌也是這個樣子的。

宋元時期的「葉子戲」，至今未有史料來證明它的打法是什麼樣的。李清照的「打馬」或可算是「葉子戲」的一種變異？據傳後來的「宣和牌」打法倒是和「葉子戲」打法相像，但那是後人整理的。到了明代，「葉子戲」的面貌才逐漸在人們的眼前清晰起來。首先是在

形制上：

新疆的吐魯番，曾發現過一張明代初期的紙牌，呈狹長形，繪有穿著盔甲的武將形象，上印有「管換」，下印有「賀造」字樣。「管換」、「賀造」是當時印製紙牌者的生意經，是為了擴大紙牌的銷售所精心設計的詞句。當然，這一紙牌並不一定是明代的紙牌，很可能是明代以前「葉子戲」中的一件，它有力地證實了中國紙牌的源遠流長。況且，吐魯番早在秦漢時期，就是中國通往西域的一條必經之路，從這裡，中國紙牌被傳向西方是不必多加解說就可明瞭的。

最為主要的是，這張紙牌上所印著盔甲的武將形象，與紙牌遊戲定型後的武將形象十分接近，這是目前能見到的世界歷史上第一次出現的紙牌的具體物像。驗之明代的「葉子戲」，一個顯著特徵是紙牌上繪有了宋代水泊梁山起義的宋江、武松、李逵、史進等人形象，他們都是威風凜凜的武將。

新疆吐魯番發現的明代初期紙牌

有人解釋說：葉子上之所以畫上水滸豪傑，是寄寓了好賭而負，必去為匪；勝也僥倖，必同盜賊的深意。這或許可備紙牌釋義之一說？依筆者之見，繪畫與雕

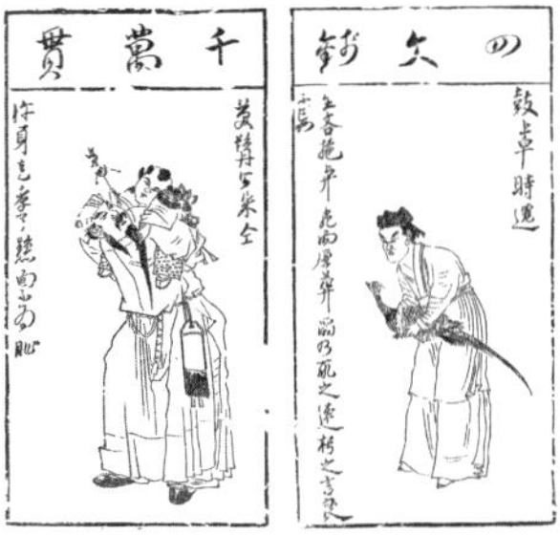

明陳老蓮繪《水滸葉子》

印，是在當時歷史條件下，「葉子戲」可以選擇的最佳樣式。據周亮工《因樹屋書影》說：在明末清初，葉子不僅有作古將相圖的，還有作美人圖，作甲第圖的，還有分鳥、獸、蟲、魚門類圖形的，這就使「葉子戲」更具觀賞性，更吸引人。

更吸引人處，還在於自明代以來的「葉子戲」打法已具「角智爭新」性質。如這時「葉子戲」中的一種「馬吊」牌的打法：

四十葉為一具，一葉為一種，分四門，自相統轄。打時，四人入座，人各八葉，以大擊小而現出色樣，其餘八葉衝出色樣，出奇制勝，變化無窮。四門最尊者是「賞」，次為「肩」，最小者為「極」。「賞」、「肩」、「極」上桌，皆可配成色樣。色樣有大小，名稱有很多，但唯有「馬吊」最為韻事，入局者氣靜聲和，無容爭競，所以又叫「無聲落葉」，特別引得士大夫的喜愛。

打「馬吊」充滿了智慧機巧，龍猶雲（即馮夢龍）《牌經十三篇》認為：

凡牌在人手，雖不聞不見，可以意示之。示小者流多長，用大者道每短，滅疾者牌必醜，捉急者門必狹。可擒而故縱者餌也，可縱而故擒者狠也，餌則速圖，狠當徐守。藏盈而出虛者，楮家之巧也，棄少而用多者，散家之常也。先大後小者求也，先小後大者探也，得本惹生多應通路，獨行無繼須識關門……

正因如此，「馬吊」在明代，使許多人如痴若狂，窮日累夜地玩，金錢乘機也滲透其中。馮夢龍就曾專作《紙牌》民歌說：「紙牌兒，你有萬貫的錢和鈔。我捨著十士門，百子輩，與你一路相交。」「馬吊」之盛原因於此可見。

為了應付日益迫切的需要，明代問世了大批的「葉子戲」著述，比較著名的專門著作有潘之恆的《葉子譜》、《續葉子譜》、《六博譜》，汪道昆的《數錢葉譜》，黎遂球的《運掌經》，王良樞的《詩牌譜》等。

明代戲曲葉子

至清代，「葉子戲」更為鼎盛，各種分支紛紛出現，如「鬥虎」、「紅樓葉戲」、「詩牌」，但最為普遍和最有代表性的仍推「馬吊」，這可從設立於城鄉之間的「馬吊館」見其端詳。清代酌元亭主人《照世杯》中就記有這種非常專業化的「馬吊館」情形：

見廳中間一個高臺上面，坐著戴方巾穿大紅鞋的先生，供桌上將那四十張牌鋪滿一桌，臺下無數聽講的弟子，兩行擺班坐著，就像講經的法師一般。

那先生將手指著桌上的牌說道：「這牌在古時原叫葉子對，有兩人鬥的，有三人鬥的。其中鬧江、打海、上樓、鬥蛤、打老虎、看豹，名色不同。惟有馬吊必用四人，所以按四方之象，四人手執八張，所以配八卦之數。以三家而攻一家，意主合從；以一家而贏三家，意主併吞。此制馬吊之來歷也。若來不打過樁，不打連張，則謂之仁；逢樁必提，有千必掛，則謂之義；發牌有序，殿牌不亂，則謂之禮；留張方賀，現趣圖沖，則謂之智；不可急提，必發還張，則謂之信。此運動馬吊之學問也。」

這篇小說還交代了打「馬吊」的一些要領，如「分牌之敏捷不錯，出牌之變化奇幻，打牌之斟酌有方，留牌之審時度勢」等。作者還描寫了一位聽眾：

只道馬吊是個戲局，聽了吊師的議論，才曉得馬吊內有如此大道理，比做文章精微，不覺動了一個執贄從遊之意……

這些都表明了「馬吊」的魅力。可是清代的「馬吊」在更多的意義上卻陷入了賭博的漩渦，正像錢泳《履園叢話》指出的：上自公卿大夫，下至百姓徒隸，以及繡房閨閣之人，莫不好賭。許多人為打「馬吊」而傾家蕩產，這是「葉子戲」最初發展所始料不及的。

「漢文化圈」的交流

中國周邊的國家，主要如日本、越南、朝鮮等國，它們與中國一衣帶水、比鄰而居，形成了一個地理單元。由於古代中國是世界文明的發祥地之一，她以璀璨的文化照耀於世，這自然給近在肘腋的諸國以極大的影響，如漢字、儒學、陶器、曆法，甚至連吃喝玩樂的方式，都引起了這些周邊國家的效仿和吸收。

如清代浙江湖州有一巨富，為遣興而聽從一人的獻計，選三十二俊童，布於堂室四角。即日邀某公子對弈，公子見而大喜。其行棋之法，欲行何子，只一開口，其人即至何處，不須舉手之勞，而布局之妙動合自然，局終為之拍手稱快……

誰知這種「下活棋」的樣式，卻被越南人原封不動地「引進」。據清代李文泰《海山詩屋詩話》云：越南人所下棋即象棋，下棋時，必於樹林陰翳之地，廣可數丈，乃展一局，選男女各十六人，皆韶年豔服，各執一牌，牌上大書「車」、「馬」、「炮」等字，使對立其位，以男女分黑白子。下棋者各高坐，令侍者傳呼某子行某度，某子即應聲而進。若被彈之子，

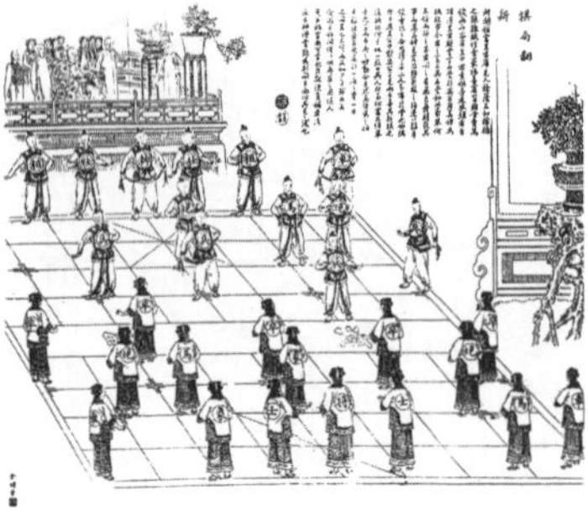

《點石齋畫報・棋局翻新》

則執牌出局。當時的鄭活源，就是以此情景寫下了〈觀安南人下象棋〉的詩句：「男兒將士女兒兵，車馬馳驅卻有聲。」這就是學者們稱之為「漢文化圈」的交流現象。在這個「漢文化圈」裡，有許多事物都是以漢文化為主體交流的，清代越南人「下活象棋」，便是這種交流的一個成果。但是必須看到，這種交流並非單一的，而是雙向的，可以說是同源異流、相承相異的。

如南亞各國向中國「進象」這一事例就很典型：它的源頭可追溯到漢武帝時代，自此之後，史不絕書，至清代餘韻仍在迴響。專家僅對乾隆時期進行統計，南亞各國向中國「進象」次數就多達十七次，馴象總共達五十多頭。這些大象的情況，在清代《燕京雜記》中記述較詳：

牠們是由泰國、越南等國貢贈而來的，安置在宣武門內的「馴象所」，大象的主要活動是在南北郊及祈穀雩祭大典時，馱祭器，駕輅車出行，充鹵簿[16]之職。平時大象主要充當朝賀的儀仗，朝賀鐘聲一響，大象即按部就班，分相對兩列，凜然肅立。待文武百官入畢，牠們互相交鼻為障，便無有敢逾進者了。正因為大象擔負著朝廷儀仗的莊嚴職位，所以牠們也

被視為「國寶」的大象

似朝廷命官一樣食國家俸祿，有的大象歷經幾代帝王，可至大將軍一品爵祿。清統治者將這些外國貢獻的大象視為「國寶」，格外珍愛，老百姓們則將牠們視為「有太平之徵」的吉祥物。

尤其是在清代北京的六月，時值人畜洗浴的「天貺節」，朝廷為了顯示四海清平的氣象，往往在此時舉行「洗象」儀式。每逢初伏，即六月初六，整個北京城都沸騰起來了——在通往宣武門西的「洗象」城壕處，食貨絡繹，遊騎紛沓，百戲如雲，車輛似陣……這正像《燕臺口號一百首》等詩說的那樣：「年年初伏車增價」，「雕鞍寶轂如流水」，「天街簇擁行人疾」，「士女傾城御河上」，「葛衣紗褶新興樣，穿往河邊看象牙」。許多文人墨客，乘機施展才情，爭賦看「洗象」的盛景，其中以大學士王士禛所作的〈竹枝詞〉最為膾炙人口：「玉水輕陰夾綠槐，香車筍轎錦成堆。千錢更賃樓窗坐，都為河邊洗象來。」再如方朔〈洗象行〉：

16 鹵簿：古代皇帝出行時的儀從和警衛。

壯哉雄物此大觀，立地平山拖一線。紅旗搖曳征鼓鳴，摧頹蹴踏驅之行。
泥深水淺足力重，陡然潮漲東西平。一蠻奴跨方騰趕，眾蠻奴搏渾槳躍。
雨作濤翻十丈飛，何處蛟鼉掀大壑？前者未起後者趨，水中岸上交歡呼。

在這些詩中，「洗象」場面躍然紙上，但這畢竟不同於圖畫。清代畫家顧月洲就畫了一幅〈年例洗象〉圖，布之於《點石齋畫報》上，它與「洗象」詩歌互相映照，堪稱清代北京「洗象」的最為生動的筆墨。其實，說穿了，這是清統治者文化心態的一種觀照。因為清統治者一向以「天朝聲威赫赫」自居，他們將外國貢贈來的大象，作為朝廷儀仗，就是一種「萬邦皆備於我」的觀念使然。而這種使外來大象融入中國文化體系所採取的每年「洗象」的做法，可謂巧妙極了。

《點石齋畫報・年例洗象》

可惜的是，顧月洲的洗象圖只給予我們「洗象」的直觀印象。是不是將象趕入水中沖沖就算是「洗象」？如何「洗象」？我們仍不能得知。在筆者的研究視野中，日本文化二年（相當於清嘉慶七年）由岡田玉山等人編繪的《唐土名勝圖會》中的「洗象」圖畫，可以使我們瞭解到清代「洗象」的全貌。

岡田玉山等人勾畫出了「洗象」的工具。它們是：笛、校、橛、耳鉤、笮、叉、揥、頸索。並加以註明：「笛」和「校」均為牛角製作；「笛」是吹發音令象進退的；「校」是纏象腳以制象亂動的；「橛」是立於河中縛象用的一大粗木；「耳鉤」為銅製，長四寸餘，因象耳廣垂如荷葉，掛鉤繫之而洗；「笮」為洗象的竹刷，大約如董元愷〈都門洗象詞〉所說的「雙帚縛來洗刷」一般；「叉」長四寸五分，柄長三尺餘，為鐵製，是以叉口推象進退；「揥」九寸許，鐵製，其狀似滾筒，筆者理解，「揥」為洗滌象身垢物、搔癢用的；「頸索」，是縛象頭於橛用，雄象頸索三尺九寸，四十四曲，雌象三尺一寸，三十二曲。頸索上有徑兩寸的銅環。

岡田玉山等日本畫家細緻入微地描繪了用什麼樣的工具「洗象」，使如何「洗象」在人們眼前清晰起來，從而也填補了中國歷史典籍中「洗象」的一個空白，因為在清代典籍中缺乏這種用工具「洗象」的具體記載。這正是許多中國的事物在日本賴以繼承的一證。有道是「禮失而求諸野」，「漢文化圈」雖以漢文化為主體，但並不意味著中國在這個圈子裡可以獨尊，許多事源出於華夏，傳

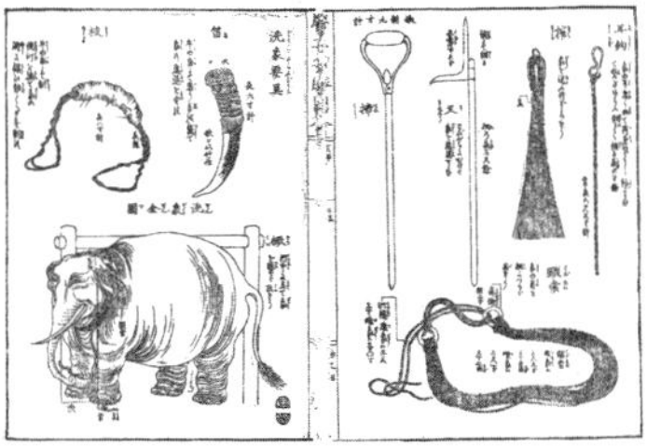

洗象工具

入異邦，是異邦加以妥善地保存。應該說「漢文化圈」內這種交流，是循環往復，相互促進的。日本的文化根在中國，可日本人民通過交流，又加以變化，推陳出新，反過來影響中國，這從日本刀傳入中國的史實中也鮮明可見：

北宋的歐陽修，曾寫過一首〈日本刀歌〉，但司馬光也寫過一首〈和君倚日本刀歌〉，筆者將這兩首詩對照，發現除個別詞句不同外，其餘完全一致。他們在詩中均這樣說道：

寶刀近出日本國，越賈得之滄海東。魚皮裝貼香木鞘，黃白閒雜鍮與銅。百金傳入好事手，佩服可以禳妖凶。

在他們之前，梅堯臣曾有一首〈錢君倚學士日本刀〉詩，詩中說道：

日本大刀色青熒，魚皮帖把沙點星。東胡腰鞘過滄海，船帆落越棲灣汀。
賣珠入市盡明月，解條換酒琉璃瓶。當壚重貨不重寶，滿貫穿銅去求好。
會稽上吏新得名，始將傳玩恨不早。歸來天祿示朋遊，光芒曾射扶桑島。
坐中燭明魑魅遁，呂虔不見王祥老。古者文事必武備，今人褒衣何足道。

干將太阿世上無，拂拭共觀休懊惱。

梅堯臣、歐陽修、司馬光，都是朝廷重臣，見多識廣，加之他們所處的時期科技昌明，可是他們卻對日本刀發出由衷的讚嘆，如歐陽修、司馬光所說：「傳聞其國居大島，土壤沃饒風俗好。百工五種與之居，至今器玩皆精巧。」日本刀的品質上乘可以想見。

從歷史典籍看，日本的冶金及製刀劍技術，是由中國傳入的。可是日本卻長期鑽研，對製作刀劍加以變化，終於創造出了當時「漢文化圈」中最為精良的刀劍來。宋代的詩歌反映出了這一點。明清以來，這種交流的現象更為突出。據專家統計，明清時期日本輸入中國的刀多達數十萬把，《東西洋考》中就記錄了當時的中國人多買日本刀，就是因為它「精者能卷之使圓，蓋百煉而繞指也」。如嘉靖時，胡宗憲就曾得到一把軟倭刀，「長七尺，出鞘地上卷之，詰曲如盤蛇，舒之則勁自若」。日本刀的製作水準是遠遠超過中國刀的。

正像明末清初屈大均《廣東新語》所說：日本刀甚鋒利，「光芒炫目，犀利逼人，切玉若泥，吹芒斷毛髮，久若發硎[17]，不折不缺」。由於日本刀具備這樣好的質地，所以明代的

17發硎：硎，音同「型」，磨刀石。發硎指刀子剛從磨刀石上離開，表示把刀子磨利。

兵器中比較重要的長刀、腰刀等，均仿日本刀製作，呈現出前代所無的新式刀制的模樣。這種刀長其刃而短其桿，與舊式長桿短刃的長刀及大刀形制相反，其效能較大，可用猛力砍劈，折斷敵人長兵器的柄，或削斷砍損敵人兵器的刃，進而砍斷敵人的身體。

這種仿造日本刀的作法，以名將戚繼光在《紀效新書》中的論述最有代表性：

此自倭犯中國始有之。彼以此跳舞，光閃而前，我兵已奪氣矣。倭善躍，一迸足則丈餘，刀長五尺，則丈五尺矣。我兵短器難接長器，不捷，遭之者身多兩斷，緣器利而雙手使，用力重故也。今如獨用則無衛，惟鳥銃手賊遠發銃，賊至近身，再無他器可以攻刺。如兼殺器，則銃重藥子又多，勢所不能。惟此刀輕而且長，可以兼用，以備臨身棄銃用此，況有殺手當鋒，故用長刀備之耳。

戚繼光對日本刀的分析是很中肯的，因此他所統率的部隊也都裝備了這種仿日本刀樣式的長刀，在以短兵相接見長的「藤牌兵」的基本作戰方式中，如「懶紮衣勢」、「斜行勢」、「仙人指路勢」、「滾牌勢」、「躍步勢」、「金雞畔頭勢」、「埋伏勢」等，這種由日本刀變化而來的長刀，在與倭寇交鋒時，發揮了所向披靡的威力。

明代中國軍刀運用日本刀之樣式

在優良的日本刀面前，中國不得不向日本學習，而一旦中國掌握了這種器具並推廣開來，中國又將以中國的樣式和氣派征服於「漢文化圈」，立於世界之林，這已成為「漢文化圈」中的一個規律，即人們常說的回饋與反回饋。

宋代真宗時期（九九八年－一〇二二年），中國從越南中部廣南一帶，引入耐旱的只需六十天就能成熟的占城稻，浙江一帶就以「占城早」、「六十日」而傳揚，以致很長時間人們普遍認為中國早熟水稻是受越南傳入的占城稻影響，可史實上這種早熟稻，卻是從中國浙江餘姚河姆渡傳到越南的，然後又由越南再傳回中國。

又如，中國宋代以前唯用團扇，元初時東南使者持聚頭扇，人都譏笑。從明代永樂年間始，日本送來他們學習中國製作的摺扇，中國又加以仿效，很快全國就通用這種扇子了。另外，中國雖以漆器製作長久而又精緻著稱，但缺乏泥金畫漆之法，明代宣德時期，中國特派漆工到日本，學到其法歸來……

類似這樣的事例，不勝枚舉。從「貢象」到「洗象」，從中國刀劍製作技術傳入日本，

又從日本傳來其製作的「寶刀」，中國又加以變化、使用。「漢文化圈」這一系列的交流，都交織著中國與周邊的國家如越南、日本、朝鮮等國人民的智慧和心血，它們已成為寶貴的、共同的財富，需要好好汲取和發揚。

第三章

貨殖擷趣

貨棧、鋪席，錢幣、貿易……看去煩瑣平常，然亦多姿多彩，其中蘊含著非常豐富的智慧……

鬼市子

每一個時代都有每一個時代的經濟用語，名稱各異，但細細考察，都可從中窺見當時經濟發展的狀況及其特殊之點，「鬼市子」便是一例。「鬼市子」出自《東京夢華錄》卷二〈潘樓東街巷〉條：

潘樓東去十字街，謂之土市子，又謂之竹竿市。又東十字大街，曰從行裹角茶坊，每五更點燈博易，買賣衣物、圖畫、花環、領抹之類，至曉即散，謂之鬼市子。

同書同卷〈東角樓街巷〉條亦載：

以東街北曰潘樓酒店，其下每日自五更市合，買賣衣物書畫，珍玩犀玉，至平明羊頭、肚肺、赤白腰子、奶房、肚胘、鶉兔鳩鴿野味，螃蟹、蛤蜊之類訖，方有諸手作人上市，買賣零碎作料。

這兩條史料告訴我們，所謂「鬼市子」，就是清早以衣服、古董為主要買賣的市場，附屬於它的還有出售食物的小市。但為何市場冠之於鬼名？寓意是什麼？《東京夢華錄》則語焉不詳。考之宋代典籍，南宋趙汝適《諸蕃志》有一說明：

西海中有市，客主同和。我往則彼去，彼來則我歸。賣者陳之於前，買者酬之於後。皆以其直置諸物旁，待領直，然後收物，名曰鬼市。

趙汝適所言「西海」，為今日敘利亞等地，其貿易方式是阿拉伯民俗無疑。據此看來，「鬼市子」似乎還是舶來品，可明掌故家謝肇淛在《五雜俎》中卻做了這樣一番考究：

務本坊西門有鬼市，冬夜嘗聞賣乾柴聲，是鬼自為市也。《番禺雜記》：「海邊時有鬼市，半夜而合，雞鳴而散。人與交易，多得異物。」又濟瀆廟神與人交易，以契券投池中，金輒如數浮出，牛馬百物皆可假借。趙州廉頗墓亦然，是鬼與人市也。秦始皇作地市，令生人不得欺死人，是人與鬼市也。

謝肇淛的說法，不乏荒誕成分，說穿了，它不過是早市買賣的一種景象，之所以呼為「鬼」，首先與清早曦光微露，朦朦朧朧的氛圍有關係。宋代《丁晉公談錄》云：徐鉉在寒冬上早朝，看見待漏院[18]前有燈火人物，賣肝夾粉粥者，來往喧雜，此又為一證。而且這種買賣一到日出則散去，是有點鬼味。

《海上百豔圖．樂陵舊跡》

委心子《新編分門古今類事》則記：北宋治平年間，東京甘泉坊有一婦人，每天一大早就肩負著舊衣到市場上出售。一林文叔者，貧苦無衣，這位婦人便贈衣給他。兩人日久生情，結為伉儷，後生一子，這位婦人化為鬼與林文叔訣別了……

委心子說的這婦人，無疑是在「鬼市子」上賣舊衣，委心子又將她描繪為鬼，這大約是為了和「鬼市子」吻合或作一依據吧？魏泰《東軒筆錄》記歐陽修曾說過——

在漢江野岸中，一天晚上，他聽見歌笑語言，男女老幼特別多，其中就有交易評議及叫賣果餌之聲，好像市井似的，待天亮了才停止。第二天，歐陽修走上岸去，遠望有一城基，一問才知是古代隋朝的城市。

金代元好問在《續夷堅志》中又作「鬼市」說：陽武的裴擇之翰林，六七歲時，曾發生過這樣一件事：

> 以大父馬上抱往縣東北莊，至外壕，見門南北有市集，人物皆二尺許，男女老幼，吏卒僧道，穰穰往來，市人買賣負擔，驢馱車載，無所不有。以告其大父，大父以為妄，不之信也。蓋三四至其處，亦皆見之。此與呂氏《碣石錄》記「武平周鼎童時村居，一日，縣人市集，鼎騎長耳，從父入市，時地色微，辨見道旁兩列皆佛像，閉目不敢視，開目又不見」，兩事大相類，但佛像之多何也？

這類說法，顯見是漢唐以來志怪小說的神韻，無非是好事者和愛聽「平話」等通俗文藝的百姓的消遣，是「鬼市子」的一種變異。最主要的是，作為限定買賣古董、衣服的「鬼市

18待漏院：古代群臣聽漏刻準備入朝的場所。

子」，由於商品特殊，自然而然就罩上了一層神祕的面紗。更何況宋代商品的發達，已經為「鬼市子」製造了這樣的機緣：

北宋開國之初，東京有一「何樓」，在「何樓」下面所出售的物品都是假貨。之後「何樓」因故廢壞了，可是「何樓」之語卻流傳下來了。其源就在於造假作偽不絕，可以達到有一真物，便有一假物，甚至時間一久，只知有偽者而不知有其真者。

就像史學家評價宋代這種假貨市場所說：有以偽易真者，至以紙為衣，以銅鉛為銀，以土木為香藥，變換如神，謂之「白日鬼」。在這樣的大潮沖刷下，「鬼市子」的虛偽和欺詐自不待言。宋代陳纂《葆光錄》所記的「俊鬼子」一事就是這樣的典型：

一軍人早出，見一獨足者臥橋欄上，軍人少壯無懼，將此人抱起，那人是鬼，要求軍人放他，可給予報酬。後來此鬼差人送給軍人一銀盞。軍人妻子認為不能用神靈物品，便讓軍人賣掉銀盞，買酒肉祭祀。祭畢，軍人向妻子說：其盞像家中銀盞的模樣，莫不是偷我們的嗎？一看，果然如此……

在清早出現的「俊鬼子」，贈軍人的銀盞是偷來的，軍人又將這偷來的銀盞在市場上賣掉，這都是當時「鬼市子」曲折而又真實的寫照。而且早市上的許多商販，也是在「鬼市子」上討生活的。由早市而「鬼市子」，由「鬼市子」而早市，編織出了一個又一個令人驚異的故事，不失為我們對「鬼市子」的一個觀察點。洪邁《夷堅三志．巳卷》記述道：

臨安一位專趕早市賣熟肉的孫三，他每早出門，都要囑咐妻子看好自家養的貓，這引起了鄰居的注意。一天，那隻貓突然跑出家門，鄰居見這隻貓周身深紅，無不嘆羨。孫三賣肉回來，知道貓被鄰居看見，便痛打了妻子。此事後來傳到宮廷一內侍耳中，內侍派人用高價來收買這隻珍貴的「深紅貓」，孫三加以拒絕，但內侍求之特別迫切，竟用三百弔錢買走。內侍想將此貓調馴安帖後，進貢給皇帝，可才過半月，「深紅貓」便色澤漸淡，全成白貓了。內侍便去找孫三，可孫三已遷居了。

原來這隻貓是孫三用染馬纓紼之法，染成深紅色專騙人來買的。這是做為趕早市的商販孫三，精熟於「鬼市子」騙術的一個傑作，這也是宋代「鬼市子」的一個注腳。

正如中外史學家所認為的那樣，宋代開啟了中國近世社會生活的先河，給予近世社會影響很大的諸方面中，就有「鬼市子」。我們在清代仍可找到宋代「鬼市子」的影子。如宋代的「鬼市子」是有限定意義的，它主要是點燈買賣，主要物品是衣服、圖畫、花環、領抹之類的古董，這種經營範圍，直到清代仍然如此。〈都門聱語南小市〉詩，可從一個方面證實：

凌晨萬貨集朋儕，燦燦衣裘列岸排。可笑蠅營成曉市，三竿日上騰空街。

從總的傾向來看，清代北京的「鬼市子」，一向也是以買賣古董、衣服等小件貨為中心。《舊都文物略》曾這樣述說清代北京的「鬼市子」：

每值雞鳴，買賣者率集合於斯以交易焉。售品半為古董，半係舊貨，新者絕不加入，以其交易皆集於清晨，因名「曉市」，或謂「鬼市」，亦喻其作夜交易耳。俗呼「小市」，誤。舊傳此項市場，非官設，緣有世家中落，思以動產易米柴之資，復恥為人見，因於凌晨，提攜舊雜物，至僻處兜售，遂相沿成市。

清代北京「鬼市子」，有三處，一處在崇文門外東大市，一處在德勝門外橋東北河沿上，一處為西小市，在宣武門外。《京華百二竹枝詞注》記此處：

擺攤售賣故物，色色俱備，真贗雜陳，入其中者，極宜留心察視。黎明交易，早九點收市，世俗或呼「鬼市」。

在清代北京，還有一種「窮漢市」，也可歸之於「鬼市子」。《燕京雜記》云：「窮困小民，日在道上所拾爛布溷紙，於五更垂盡時，往此鬻之，天乍曙即散去也。」由於有舊貨因素，「鬼市子」的成分很複雜，《芝音閣雜記》曾記紀曉嵐一桿能裝三四兩菸的大菸槍丟失，紀吩咐手下不要急慮，到「東小市」即崇文門外「鬼市子」上就能找到。果然，第二天僕人便以非常便宜的價格從「鬼市子」上購回了這支菸槍。

僅一事就可知「鬼市子」上許多貨物來歷不明，故許多人又直呼它為「黑市」。《談塵》可證：都門騾馬市一帶，黎明時地攤甚夥，物之好醜不一，謂之「黑市」。《道光都門紀略》又證：黑市在虎坊橋一帶，無物不有，黎明即散。《妙香室叢話》再證：京師黑市，大抵鼠竊輩，詐偽百出，貪賤購覓，往往被紿，亦間有獲厚利者。所以有人寫了〈都門雜詠小市〉這樣的詩：

夜方五鼓未啼鴉，小市人多亂似麻。賤價買來偷盜物，牽連難免到官衙。

又據《清稗類鈔》、《舊京瑣記》所言「鬼市子」上的交易：

以其不燃燈燭，全憑暗中摸索，議價互用手握手於袖中示意。物既合購者意思，可隨便酬值。物品真者少，贋者多；優者少，劣者多。雖說是貿易，實際是作偽，像皮衣糟朽了，便用紙或布貼褙好出賣，所以有人用數十金買到的卻是一件壞衣服。可好小利者卻仍紛紛趨之，因真有以數百錢而買到貂裘的。究其原因，都是因夜盜夜售，賣者買者，都沒有詳細地審查其物。

方朔的〈金臺遊學草〉（曉市），較為傳神地描繪出了「鬼市子」的這種情態：

買原典者先看工，此裡彼面驗須重。面壞如染原可庸，最難皮版早蛀蟲。
亦有新材裁已終，價值號減花難從。快意小家叟與童，百錢便可風帽縫。
零落剩下鞋成弓，所怕衣邊緊黏封。用銀用票看人容，有時徒表亦為蒙。
眾中曾見無事翁，迴圈上下冀有逢。問之不答如痴聾，傳說每日皆不慵。

由於「鬼市子」所具備這樣的欺騙性，「鬼市子」上的蒙詐花樣是層出不窮的。晚清《詭祕奇聞錄》就曾告訴我們：

一考生來北京參加科舉考試，清晨進入「鬼市子」，發現一件羊皮袍，面上細紋如新，賣價四兩銀子。於是，他便買回，向同輩們炫耀。不想大家說：「你別高興，京師騙術變幻莫測，你怎麼就知道這不是冒牌貨呢？」這位考生仔細一看，果然是用牛皮紙做的底，然後把毛黏在上面。他非常氣憤，決意再以其法詐騙他人。第二天又入「鬼市子」，把那件假羊皮袍又以六兩銀子轉賣給他人。歸來後，他得意地大笑，同輩們又說：「別太高興了，鬼市子的騙術變幻又變幻，你怎麼知道你得來的銀子不是假的呢？」這位考生說：「不至於吧。」但取出銀子一檢查，卻是鉛錠！

因此，作者得出結論認為：「鬼市子」，「大抵各偷兒以所銷贓，乘天將明時麇集僻處求售，黠者往往以賤價得珍物，然種種欺詐之術，亦由此出焉」。這一分析極是。清代梁紹壬《兩般秋雨庵隨筆》中〈骨董鬼〉又可印證：

> 在杭州，大眾都將從事古董業者稱為「鬼」。這是由於他們經常將贗作真，化賤為貴。以鬼蜮之謀，行鬼狐之技。還因其說彝器必商周，言磚瓦必秦漢，提字畫必晉唐，喪志耗財，莫此為甚。而且，他們所賣的，都是前代手筆及從田野挖掘出來的物品，不是人器是鬼器，因此稱從事古董業者為「鬼」。

以此說連繫自宋代以來，買賣古董一直是「鬼市子」上主要行當的史跡，不是名副其實嗎？

商標．招幌．推銷

中國的商標起於何時？目前史學界比較一致的看法是中國歷史博物館陳列的北宋山東濟南「劉家功夫針鋪」的「白兔兒」銅板，為中國最早的商標。

商標的出現，是商品經濟高度發展的結果，也是由於魚龍混雜，作偽商品頻頻出現，以致氾濫成災的必然趨勢。謝采伯《密齋筆記》曾云：高麗國所出席子卷舒輕柔，價錢昂貴，

> 但因品質高不易買到，於是便有人造假高麗席子供應市場。這種假高麗席子造得水晶般瑩澈，招人喜愛。後來，又有江西上饒再造假席子，其水晶顏狀竟至青色，足可亂真……

以假亂真的風氣，迫使商販們特別注意創造具有自己特色的商品標記和商品信譽。比如宋代東京城裡靴店有這樣的製靴者，在做好的靴子襯裡放上一張紙條，上面寫著由誰製造的字樣。宋話本〈勘皮靴單證二郎神〉中這樣描寫道：

中國最早的商標：濟南劉家功夫針鋪

從一只靴子襯裡搜出一張上面寫有「宣和三年三月五日鋪戶任一郎造」字樣的紙條來。為了對這一商標負責，任一郎家裡特設一本「坐簿」，無論是官員府中定製的，或是使客往來帶走的靴子，都在「坐簿」上寫明。同時，在皮靴裡面也有一張紙條，字號與「坐簿」上一樣。「只消割開這靴，取出紙條兒來看，便知端的」。

在商品上標上製造者的名字，是為了表示自己所製物品與眾不同，也是為了對消費者負責，這一做法確實為消費者帶來極大的便利。像宋話本〈碾玉觀音〉中崔寧所製玉觀音，「下面碾著三字『崔寧造』」，於是，官府按此找到碾玉匠崔寧。元雜劇《張孔目智勘魔合羅》中的張孔目，按著高山在其所製魔合羅上署有自己的名字做出了「魔合羅是你塑的，這高山是你的名諱」的判斷，抓住了破李文道殺德昌一案的線索。

看來商標可為識別標誌，然而，它不獨如此，還是商品品質和信譽的化身。宋話本〈志誠張主管〉中有這樣的場面：張勝沒有了過日費用，他母親讓他將屋上掛著的一個包袱取下來，打開看時，是個「花栲栳兒」。他母親對他說：「你如今依先做這道路，習爺的生意，賣些胭脂絨線。」張勝便在門前「掛著花栲栳為記」，開起了胭脂絨線鋪。

所謂「花栲栳」，又作「栲栳」，它是用竹篾或柳條編製而成的圓形盛物器具。以「花栲栳」這一圓形盛物器具作商標，這是由於張勝的父親善於經營，已使張家的花栲栳不同凡響，創出了牌子。所以張勝母親敢於在張勝生活無著時，拿出這家傳的商標，讓張勝重新做胭脂絨線的買賣。

然而，想創出「花栲栲」這樣的名牌商標，談何容易。葉夢得《避暑錄話》說：北宋名震一時的「潘谷墨」，之所以能贏得比別家的墨要黑的聲譽，是因為有以下幾個條件：

一、用料講究，採用當時最為優良的高麗煤燒製墨。

二、注重信譽，從不以次充好。

三、技藝求精，《錦繡萬花谷》便記載了其「隔錦囊知墨」的絕技。

四、見賢思齊，學習其他製墨者的長處。

正因如此，「潘谷墨」才成為名牌商品，也為內廷所收藏，以致有人得到幾丸便當作寶貝祕藏起來。用現代語言來說，「潘谷墨」算是馳名商標了。

宋代的馳名商標又何止一個「潘谷墨」！僅從東京飲食行業觀察，名牌食品就有「北食」：樊樓前李四家、段家熬物、石逢巴子；「南食」：李橋金家、九曲子周家等。並且它們分門別類，如油餅、胡餅最好者是武成王廟前海州張家、皇建前院鄭家；包子則有御廊西鹿家、五樓山洞梅花包子；饅頭有孫好手、萬家，如宋話本〈宋四公大鬧禁魂張〉所寫：

> 只見汴河岸上，有個饅頭店。門前一個婦女，玉井欄手巾勒著腰，叫道：「客長，吃饅頭點心去。」門前牌兒上寫著：「本行侯家，上等饅頭點心。」

羹則有史家瓠羹店、賈家瓠羹店、徐家瓠羹店、馬鐺家羹店。特別是以周待詔命名的瓠羹，一百二十六錢一份，充分顯示名牌食品商標的價值。果子製作則以梁門里李和炒栗名聞四方，因為加工講究，他人效仿終不可及，所以陸游將之作為著名商品錄入《老學庵筆記》。

這種傳統，一直延續到南宋臨安，以致時人認為：「大抵都下買物，多趨名家馳譽者。」如宋話本〈白娘子永鎮雷峰塔〉中的許宣遇雨。在三橋街向開生藥鋪的李將仕借把傘用。店中老陳遵照主人之命將傘遞給許宣，特囑咐道：

> 小乙官，這傘是清湖八字橋老實舒家做的，八十四骨，紫竹柄的好傘，不曾有一些兒破，將去休壞了！仔細！仔細！

市民對名牌商標的推崇由此可窺。

《夢粱錄》也記錄了當時市民所鍾情的各式各樣的名牌店鋪，如陳家彩帛鋪、舒家紙紮鋪、童家　燭鋪、凌家刷牙鋪、孔家頭巾鋪、徐茂之家扇子鋪、徐官人幞頭鋪、鈕家腰帶鋪、張家鐵器鋪、張古老胭脂鋪、戚百乙顏色鋪、三不欺藥鋪、仲家光牌鋪、香家雲梯絲鞋鋪、李官人雙行解毒丸、朱家裱褙鋪、尹家文字鋪、陳媽媽泥面具風藥鋪、保和大師烏梅藥鋪、戚家犀皮鋪、彭家溫州漆器鋪、歸家花朵鋪、周家折揲扇鋪、陳家畫團扇鋪……

這種以名字命名的商標在宋代是很普遍的。張擇端〈清明上河圖〉中店鋪商標就有「劉家上色沉檀楝香」、「趙太丞家」、「楊家應症」等，這確是東京著名商標的如實反映。像杜金鉤家、曹家獨勝丸、張戴花洗面藥、金龜兒等藥鋪，在東京是屢見不鮮的。由於無實物驗證，不好揣測這些藥鋪的商標是什麼樣子。但是從元代熊夢祥《析津志》中，我們彷彿還可見到這樣藥鋪商標的影子：

> 市中醫小兒者，門首以木刻板作小兒，兒在錦襁中若方相模樣為標榜。又有穩婆收生之家，門首以大紅紙糊篾筐大鞋一雙為記。

這與東京藥鋪中的「銀孩兒柏郎中家醫小兒」、「大鞋任家產科」、「荊筐兒藥鋪」等標牌互相驗證，便可明瞭。

有的醫家則因醫治好皇帝的病，以皇帝賞賜的物品為其商標，如臨安嚴防御藥鋪就以御賜的金杵臼為市招。南宋饒州城內賣風藥的高姓者，由於自製了一人手執叉鉤、牽一黑漆木豬的標記，所以便以「高屠」為其商標。有的醫生為了宣傳醫術竟用圖畫形式，如當塗外科醫生徐某某，累世能治癰癤[19]，其門首畫一樓臺，故得一「徐樓臺」的商標名。

這種圖畫商標不由讓人聯想到另一種圖畫招幌——東京界身北巷口的宋家生藥鋪，兩壁裝飾的是李成所畫山水。誰人不曉李成係宋代有「前無古人」之稱的山水畫家，他的畫氣韻瀟灑，筆勢穎脫，墨法精絕，高妙入神，世傳為寶，可是它卻裝飾到藥鋪，成為一種特殊的高品位招幌。

正像吳自牧《夢粱錄》所總結的那樣：用名畫作招幌，可以「勾引觀者，留連食客」，還可以「裝點店面」，真是一舉三得。因此，元代將其特點進一步發揮。在大都「酒槽坊」，門首畫著春申君、孟嘗君、平原君、信陵君四位公子像，用紅漆欄杆環護，上蓋有宮室形狀的巧細升斗，兩旁大壁上並畫車馬、騶從、傘仗，又畫漢鍾離、呂洞賓為門額，可謂門畫與壁畫交相輝映，正門前還立著金字招牌，形成了醒神奪目的招幌景象。

19癰癤：癰，音同「庸」，一種皮膚和皮下組織的化膿及壞死性炎症；癤，音同「節」，由金黃色葡萄球菌侵入毛囊汗腺所引起的小膿瘡。

這種招幌較為獨特，較為人所熟知的是早在戰國韓非子著作中提到的「宋人有酤酒者，懸幟甚高」的「酒幌子」。它如〈清明上河圖〉所繪：長方形，自上至下，分為三直幅，青白相間，中間一幅是青色，則左右兩幅是紅色；中間一幅是白色，則左右兩幅是青色。在上面可以寫上「新酒」等大字。有的則寫上「酒海花宗」，用以表明名牌佳釀，或寫上「釀成春夏秋冬酒，醉了東西南北人」招引顧客。

為了保持自己的生意總有人光顧，商家絞盡了腦汁，創造出了許多鮮明而又生動的招幌，如宋無名氏所繪〈眼藥酸〉中：一頭戴皂色高冠，身穿橙色大袖長袍者，此人身前身後掛有成串的眼睛球，冠兩側亦各嵌一眼睛球，所戴冠前尚挑一個眼睛球，身挎一長方形袋囊，上面也繪一大眼睛球。值得注意的是，這種風趣的招幌多為技藝人所有，宋代李嵩〈貨郎圖〉所繪玩具擔上，即插有幾個此類眼睛球，這表明此類眼睛球招幌頗受市民歡迎。

明刊本《紅拂記》中酒店招幌

也許正是這個原因，元代山西玉寶寧寺水陸道場畫中，也描繪了這種衣著眼睛球的眼科醫生形象，這應該算是〈眼藥酸〉中眼睛球招幌的流變。

直到明清時期的北京眼藥鋪，懸掛的白木板上還是繪著幾隻人眼睛。這種招幌歷久不衰，顯示了極強的生命力。

好的招幌無不是成功的藝術品，它給人帶來了美的享受，它所具有的獨特魅力，往往超過了它的商業價值，它理所當然地傳揚下來。尤其是在集招幌之大成的清代，簡直是把人引入了山陰道上，芳草踵來，令人流連忘返……據粗略統計，清代北京約有二百三十餘種招幌，分別代表著食品、服飾、日用百貨、手工業和手工藝品、醫藥等行業。但撮其主要，清代北京的招幌可歸納為形象、標誌、文字三大類。

形象類。如肉鋪出售生肉，一般是在案架上掛起成片豬肉。這種實物形象招幌起於北宋東京，瓠羹店門前，用枋木及花樣沓結縛如技藝演出紮架的山棚，上掛成片豬、羊肉，多達二三十片。又如酒鋪多懸葫蘆、罎子、碗等，這種借代物幌，在南宋臨安酒肆前早就紛紛張掛了。

標誌類。則如夏仁虎《舊京瑣記》所說：黑猴公帽鋪，即人們熟悉的「馬聚源氈帽莊」，櫃上踞一大黑猴；雷萬春之鹿角膠，門上掛一大鹿角；扇鋪，簷際懸一大扇。這些招幌，作為標誌，使顧客不會走錯門。又如鼓樓大街的德泰魁絨線店，經營布料、絨線，其標誌是用紅綠各式絨線和布條組成燈籠形狀，十分別致。

文字類。絕大多數店鋪如〈金陵繁勝圖〉所展示的明代南京店鋪所高懸的藥、牛行、頭髮老店等，有單字、雙字或四、六字或更多字的招幌。一般在旗幟或木牌上標字為記，不做任何裝飾，以吳匯源茶莊為著，門前有一巨型長條木牌，上書「徽州吳匯源自辦名山毛峰雨前雪蕊龍井雀舌普洱等名茶發行」，字多達二十六個，既表明該號籍貫，又說明了所售茶品，是「通天坐地招」的代表作。

這些招幌均採用傳統的吉祥紋圖，加以描金繡銀，飾以飛龍騰鳳，或對稱張懸，並套合用；或巧設寓意，戲集成聯……招幌幾成可供觀賞的藝術品，所以即使是最高統治者也非常欣賞此類招幌。其證明是在雍正、乾隆時期，在圓明園後面，萬壽山後山沿河及南牆外長河畔上修建了「買賣街」，香蠟鋪、檳榔鋪、糧食鋪、顏料鋪、剃頭鋪、南酒鋪、菸鋪、乾果鋪等，一應俱全。當時，朝廷特降聖旨：「將各鋪面拍子牌樓，按座逐細查對，分別等次，擬定雕工則例。」

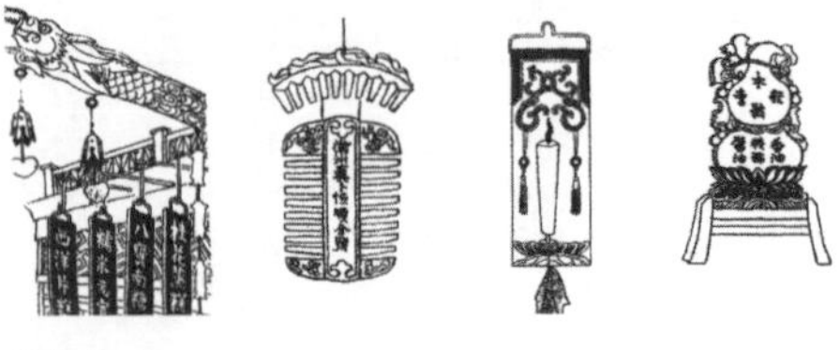
各類招幌

〈圓明園內擬定鋪面房裝修拍子以及招牌幌子則例〉，就是遵照皇帝旨意制定的。像紙馬鋪的門神幌子，油鹽鋪的醬醋牌，櫃上擺設的招財童子、獅子麒麟、和合二聖等各樣物件招幌，長寬高，尺寸分，都一一算清，具體而又細緻。製作這些招幌的本意是為了皇帝「欲周知民間風景之意也」，孰料，它也為今人推開了一扇觀察古代招幌的視窗，於此可知招幌已經成為一種社會風俗現象了。

商標、招幌是一個趨向於成熟的商業社會所必備的標誌，另一鮮明的標誌就是商業的推銷藝術，如像唱歌一樣地唱賣「估衣」。它最早在《太平廣記》中有其跡象，宋代稱為「喝估衣」。喝，即唱也。對商販來說，唱是一個被反覆證明了極能煽情的表現形式，只有通過高聲的唱，才能將商品販賣之樣露出水面，引人觀顧，以致「喝估衣」成了一項專門的技藝。《武林舊事》就記載了這方面著名的「估衣毛三」的名字，想是毛三「喝估衣」的技巧相當地高，否則不會列入「諸色技藝人」的排名榜上。

宋代「喝估衣」對後代影響是巨大的，它開啟了技藝與商販結合的閘門，引來了無盡的叫賣技藝化的春水。試看明代陳鐸《坐隱先生精訂滑稽餘韻》就有一闋〈估衣〉散曲：

> 不分舊剪與新裁，一律都收在。綠綠紅紅自搭派，訴明白。寬窄長短隨心愛，源流好歹。吉凶貨賣，減價買將來。

其中「訴明白」、「源流好歹」，正是賣估衣通過喝唱，將估衣向顧客做生動綿長的介紹實錄。

在清代，佚名〈燕市百怪歌〉，已把「唱估衣」推為北京的一怪：

遠聞叫聲賣，婉轉頗可聽。衣服兩大堆，件件來回經。

即使以儒雅自重的名士才人，也拿起筆寫了一首又一首「賣估衣」的詩句。櫟翁〈燕臺新詠〉（唱估衣）這樣寫道：

衣無長短量憑尺，腔接高低巧轉喉。真眼好磨看入骨，長安人海口如油。

估衣圖

蔣士銓〈京師樂府詞〉中亦有「唱估衣」：「數人高立聲虛呵，唱衣價值如唱歌。」「賣估衣」之所以備受青睞，無非是「賣估衣」那通俗而又順暢的詞句，加上旁邊有一幫襯的小徒弟，兩人一唱一和，特別吸引人。傳統相聲〈賣估衣〉將清代這種「京估衣」生動地再現出來——

甲：誰買這一件皮襖啊，原來當兒的啊。

乙：不錯。

甲：　的油兒的黑呀，福綾緞的面呀。

乙：不錯。

甲：瞧完了面兒，翻過來再瞧裡兒看這毛。

乙：是呀！

甲：九道彎亞賽羅絲轉兒呀。

乙：不錯。

甲：上有白，下有黃，又有黑，起了一個名兒呀三羊開泰的呀。

乙：不錯。

甲：到了「三九」天，滴水成冰點水成凌，別管它多冷，穿了我這件皮襖，在冰地裡睡覺，雪地裡去衝盹兒吧，怎麼會就不知道冷啦。

乙：皮襖暖和——

通俗而又順暢的詞句，像歌唱一樣的聲調，撩撥著人的心弦，使人陶醉。然而，優美的叫賣聲，絕不只「賣估衣」者。明代史玄《舊京遺事》記北京的五月——

佳蔬名果，也是隨聲唱賣的，人們聽唱一聲就能分辨出是何物品，是什麼樣商販擔賣的。有賣麩的，只有四句，竟叫成詩。其他賣物，其詞不止一句，這是慢聲為招，以此感耳。

而且，明代北京的叫賣還分季節，三月桃花初出，滿街唱賣，其聲豔羡。數日花謝將闌，叫賣聲則慢慢長叫，這是為了表達桃花不堪經久的情緒……

清代的叫賣雜物，也很有獨特之處。如提包賣胡梳零件者，叫賣聲調極高，在店門一喚，能使顧客皆驚，叫賣的詞句，有腔有板，而且此詞語最末二句，正是口中的叫賣語。倘非長期揣摩市聲和嫻熟俗曲，無論如何也不會叫賣到不亞於曲藝表演的地步。難怪蘭陵憂患生《京華百二竹枝詞》感嘆「可謂奇絕，可謂特別」，用「叫賣出奇聲徹霄」給以讚譽。

又有閒園鞠農《燕市貨聲》所說的賣小盆小罐者，他們把自己所賣的小盆小罐編成歌謠似的吆喝：

賣小盆嘔，賣小罐嘔，餵貓的淺嘔，舀水的罐嘔，澄漿的盆啊嗐。

有的賣盆罐的商販則在叫賣中兼學老鸛打架，先叫早後爭窩，末像一群烏鴉對談，嬉笑怒罵，中間有解和之意，聽者無不開心大笑……

這樣的商販不愧為貨物藝術家，他們將自己販賣的物品用曲藝清唱或口技形式表達出來。而且察買者之言，觀買者之色，隨機應變，投其所好，使你不得不買。明代玉霜簃生萬曆戲劇鈔本《鉢中蓮》，就刻畫了一位在南方賣水果的商販，當買者要買甘蔗，他就說：

甘蔗圓又長，發火又興陽。香甜真可口，節節有商量。

這水果商販還向買者建議吃橄欖，買者認為味澀不要，他就又說：

橄欖兩頭尖，一見便流涎。入口帶酸澀，越嚼越香甜。

他還建議買者將橄欖和甘蔗一齊吃，「甘蔗是長個，橄欖是尖個，陰陽相配起來」，「叫做和合雙美丸，大有補益」，「其味美不可言」，並要買者面試試。

清代唐英《古柏堂戲曲集》承《鉢中蓮》餘韻，刻畫了另一位在北方賣水果的商販，他賣西瓜的吆喝是「蜜蜂錯搭窩，兩錢」。買者問他為什麼這樣唱，他回答：「這不過說這個西瓜甜的這麼個意思啊。」

的確，蜜蜂搭窩是釀蜜，牠把窩錯搭在西瓜上了，這不等於說西瓜和蜜一樣甜嗎？據研究老北京民俗文化的專家認為，這種吆喝富有音樂性：

05 6 5 3 3 5 3 56 4 2 5 6
蜜 蜂 兒 錯 搭 窩 哩，兩 個 大 哩

賣水果的商販還向買者推薦藕，買者問他有什麼好處，他就以詩句歌唱：

白花藕，圓又長。能通氣，有清香。粉嫩真可口，是節節有商量。

這引來了買者的誇獎，賣水果的商販還向買者推薦蓮蓬，買者認為蓮蓬不好吃，賣水果商販又說道：

蓮蓬兩頭尖，又不澀又不酸。剝了皮兒吃艮（更）好，好歹別整嗤。況醫家說得好，蓮蓬藕一塊兒吃，叫做蓬蓮和合丸。

這真是左右逢源，說得買者不由得不信，不由得不買，這就是商販研究買者心理、深諳推銷貨物藝術的結果。

古代推銷貨物的藝術，還體現在印刷術應用以來的廣告之中。由於這種廣告是印在紙上的，所以它比商販的口頭歌唱顯得典雅。一八四〇年鴉片戰爭以前在廣州居住的一位美國人亨特，在他的著作《舊中國雜記》裡，就曾收錄了當時廣州這樣五種不同的廣告。一則是一位個體匠人製作的墨塊，用一張印好的廣告紙包著，盛放在絹面盒子裡。亨特將廣告紙上的文字比喻為「一種唱戲的調子」，例如：

地質堅實，選料上乘。墨質細膩，無與倫比。色澤純黑，舉世無匹。
墨質優良，不惜成本。別家仿效，純屬徒勞。萬甲難逢，本鋪良墨。
別家為得利，本號為美名。

一則是「萬壽堂極品午時茶」。作這一廣告者，為了吊起飲此茶的胃口，先將此茶特點娓娓道來：

氣味純正芳香，性質溫和，不寒不熱，健脾開胃，止渴生津，祛寒去濕。總之內疾外感，本茶一概適用，豈不神奇？

為了滴水不漏，讓飲茶人放心，廣告者又說：

茶係按本堂主人歷代家傳之祕方配製而成。所用各藥，均經精心挑選，品質超群，不惜工本，飲者無不稱便。歡迎各界公眾多多採用，即使對疾病一時未見顯效，亦屬延年益壽的絕妙佳品。

最後廣告還有的放矢，強調「午時茶」便於攜帶：

士紳商旅，出門遠行，朝夕宜用此茶。可驅除四時瘴氣，抵禦惡劣氣候。小小一杯茶，效力何神奇！每小包兩塊，每盒二十包。惠顧君子，請認明招牌。

還有兩則是專門對付假冒商標的廣告。這兩則廣告的共同之處就是首先亮明自身的「貨真價實」，久有聲譽。如「益美合記」與「德隆旺記」的熔金鋪兼珠寶行的廣告是：

本鋪自雍正八年開業以來，聲譽素著，出售真品，誠實無欺；向以正直為經營之道，務求取信於人，因此馳譽各省，代代相傳，遐邇聞名。

「同記和合」綢紗鋪的廣告是這樣寫的：

竊以為，綢紗當如義理節操，不容有絲毫瑕疵，具有無可爭議之美質。為求製作之盡善盡美，織機、用料、工匠，皆須精心選擇。唯有此數項俱佳，方得馳譽各省，歷久不衰。

接著對假冒者深惡痛絕，申明自己的特徵，以正視聽，如「同記和合」所撰詞句，尤為嚴謹：

本號產品，能集此數美於一身，故自開業之始，以迄於今道光□年，歷經二十九載而保有可羨之品質。唯今為防他人冒充本號產品，特採用二字新名，見於所有包裝，自此使用，不再更改。故若見有所售綢紗紋理疏鬆，表面粗糙不平者，即此已可斷定其為冒牌之劣貨，斷非本號之織品。

數載以來，有人於工藝未能得其要領，而覺模仿我印章為易，以此欺騙顧客。故此本號取名「同記」，以彩色字體印於所有包裝，並加「和合」二字。

各位貴客，幸予垂顧，認準本號新名。本號買賣公平，絕無欺騙。

同記和合（原繼昌仁記）

「同源茂」防假廣告

廣告者，舉史實，講道理，看上去主要是為了反對假冒自己的商品，實質是通過印在紙上的廣告，反駁與揭示假冒者的拙劣，使自己的產品和信譽傳得更快、更廣泛，招攬到更多的顧客。

清末許奉恩所著筆記小說《里乘》中有一個「一文錢」的故事：

有甲乙兩位安徽商人，挾重貲來蘇州貿易，兩人各戀一妓女，未幾，便為此揮霍一空。很快，他們淪落到日則行乞，夜則寄宿古剎。一天晚上，兩人就地燃火，相對唏噓。甲徽商摸出僅存的一文錢要扔掉，乙徽商急忙拿住說：「我有辦法了。」不一會兒，乙徽商懷抱竹片、草莖、破紙、雞鴨毛等物歸來。他鼓動甲徽商和他一起用一文錢買來的麵粉，索水調漿，將草纏在竹片上，蒙上紙，再遍黏雞鴨毛，一共做了二三百件宛然如生的各種禽鳥紙玩具。

待天亮，甲乙徽商各攜這些禽鳥紙玩具至玄妙觀。玄妙觀為蘇州寺觀之藪，特別是春天，遊人如織。婦孺士人見甲乙徽商所攜禽鳥，以為酷肖，爭求購買，頃刻俱盡。每具禽鳥是以十數錢出售的，甲乙徽商收入了五千多文錢。這時，乙徽商才告訴甲徽商：竹片、草莖、破紙、雞鴨毛，皆拾於諸市上，又用那一文錢買點麵粉，這就是全部「家當」。

此後，甲乙徽商用一文錢賺來的錢，添購各色紙張，拾來雞鴨毛羽，以肖人物花草等狀。兩人夜間分製，白天便到玄妙觀出售。不到兩年，甲乙徽商便積資數萬。他們遂於蘇州閶門開設一爿布店，為不忘此店所本，大書「一文錢」三字榜於門。從此，「一文錢」名揚蘇州，生意日隆。

無獨有偶，徐珂《清稗類鈔》也記錄了一個類似的故事，主角是江西南昌籍商人，在明清又稱作「江右商」：

一「江右商」因經營不善，在年末只剩下二百錢，債主畢集。於是他到墳間準備自盡，卻遇到一位也想自盡者，他急救下，相與慰勞。那人知道「江右商」尋死的原因，嘲笑他二百錢辦不了事的觀念，便向「江右商」要了那二百錢，買了一罈酒，一塊肉，幾十件玩具，兩人找座古廟，席地飽餐一頓。翌日清晨，那人叫醒「江右商」，告訴他：今日新年，士女嬉遊，你去賣玩具，如大人買，可便宜些，如有帶小孩，小孩牽衣索買的，可賣貴些。「江右商」按這話去做了，結果發了筆小財，返見那人，並打算再去販賣玩具，那人卻笑他：

此子之所以折閱也。昨尚歲暮，市中玩具價較廉，故販售之，可以獲利。今已新歲，市中玩具價亦漲矣。吾儕成本無多，利貨速售，方足以資周轉，非若多財善賈者流，可居奇貨以待善價也。

徽商是在幾乎什麼都沒有的絕境中，只憑著一文錢，買來麵粉，撿來禽毛破紙，依其自身所具備的藝術才能，做成了長者幼童皆喜的玩具，而且他們敢於到玄妙觀去和別人競爭。玄妙觀在清代確為一商業中心之地，店肆密布，技藝紛呈，甲乙徽商卻以新美的玩具獲巨利，這不能不說是個奇蹟。

再看「江右商」，也是走投無路，全靠明白人的指點，自己則缺乏藝術修養，不會動手，只能用二百錢去買玩具再販賣，才渡過難關。而且他還不能審時度勢，毫無主見，這就阻礙了自己進一步賺錢。

將「一文錢」與「二百錢」做一比較，有見地的人一眼就可看出，「徽商」要高出「江右商」一籌，差距非常顯著。也許正是基於此，「一文錢」的故事又被丹青高手加以圖繪，布之於《點石齋畫報》。儘管《點石齋畫報》中的「一文錢」故事發生在廣東，與「一文錢」祖本有出入，但情節大致相同，看來「一文錢」的故事在清代流傳的範圍不小，影響也很大。

但這些「一文錢」的故事的源流真假究竟如何？筆者認為：「一文錢」著者許奉恩為安

徽文士，耳目甚近，撰文真實性較為可信。度之於明清晉、陝、魯、粵、浙、閩、湘等諸多商幫，他們的經歷雖然也是艱苦創業、揣透行市、擅長經營、靈活應變，可就所處的具體物質環境，揮毫舞墨、娛樂遺情的浸染，教育的開化，禮俗的投入等，均不如徽商那樣集中而又扎實。明白於此，便找到了「一文錢」的徽商何以能在逆途轉衰為勝的關鍵。

現撮主要敘述，先從徽州的具體物質環境談起。據《歙事閒譚》，明清的徽州，「粉牆矗矗，鴛瓦鱗鱗，棹楔崢嶸，鴟吻聳拔，宛如城郭，殊足觀也」。可以說，明清時的徽州人一生下來，就置於一種典雅雋永、裝飾秀麗的時空氛圍之中。

《點石齋畫報·一本萬利》

他們所居住的樓閣、門罩、廊柱、梁架、欄杆、窗戶，雕鏤細膩，紋樣華美。人物故事、靈獸花卉、神話傳說、放牧射獵、挑水劈柴、行走收割、百戲遊樂、稚兒玩耍、西湖風景、煙雲黃山……無所不包，一磚一物，一欄一事，無處不在，盡收眼底……

還有值得稱道的徽州牌坊群，如許國牌坊，它是由前後兩座三間四柱三樓和兩側單間雙柱三樓的建築組成，大塊石料，質硬色青，梁枋、欄板、斗拱等上面，雕刻著栩栩如生的彩鳳珍禽、飛龍奇獸，石坊上所有題字，皆是「館閣體」、「擘窠書」。

類似這種牌坊，如棠樾牌坊、江宅木牌坊，均集書法、雕刻、建築於一體，造型獨特，觀賞價值極高。加之村人聚玩憩閒的水口之類的園林，臺閣池亭，石刻極精；寶塔臥橋，花木成趣。巍峨的祠堂，幽雅的街廳，奇巧的廳院……從這個角度觀察，《豐南志》說徽州是「彬彬乎文物之鄉」，是名副其實的。這些建築是對徽州人最直觀最生動的文化薰陶。

徽州人文化性格的形成，還有賴於得天獨厚的紙、墨、筆、硯的開發和製作。像婺源龍尾山所產的龍尾石，石質堅潤，呵之即澤，光潔瑩亮，徽人便因石取勢，雕琢成頗耐觀賞的硯臺，世稱「歙硯」。徽墨的形制、花紋，特別講究，使墨錠成為一種藝術品。

而「一文錢」故事中說甲乙徽商所具備的繪畫本領，自明代以來，幾乎是徽州人都希望學習掌握的一種技巧，連最底層的農夫住家的簷壁也繪滿了圖畫，富足的圖畫收藏家則將價值數萬的鄭板橋、金農的作品黏柱障壁，以致比比皆是。一言以蔽之，徽州人都以繪畫為雅事，以繪畫為體現自身價值的目標，收藏書畫則成為最流行的時尚。正因如此，徽州畫家之多是其他地區難以比擬的，據不完全統計，明清時期這一地區畫績斐然者，就達四百二十餘人，形成了一個龐大的「新安畫派」。

直接與之相關聯的是徽州的版畫。明清一直流傳「時人有刻，必求歙工」之說。明代新安黃氏一族，就是其卓越的代表。他們父傳子受，數代相繼，當時的徽州，作坊刻鑿之聲，如鼓似箏，徹夜不息。任何一個徽州人，都不可能不受其感染，「一文錢」故事中的徽商自不例外。

尤其是明末徽州胡正言所創的「餖版」、「拱花」技法，即用餖飣般大小板塊，按畫稿位置固定在案上，分別刷以各種顏色，使其有深淺濃淡，顯現物象的陰陽向背，成為一張五色繽紛的圖畫。「拱花」是將刻好的線紋版不刷色，印時用紙壓在版面上，使行雲隆起，花卉輪廓，禽獸羽毛，流水漣漣……一一凸現在紙面，俊逸纖麗，窮工極巧，繡像繡梓，展卷悅目。這都會給「一文錢」故事中的徽商以深深的影響。

清傳奇《意中緣》中畫遇圖

由此要說到的是徽州的刻書。自明以來，徽州出外經商者日多，足跡遍布海內，他們迫切需要瞭解全國地理自然狀況。這正像隆慶年間刻《一統路程圖記》的休寧人黃汴，恐天下人像他那樣「厄於歧路」，於是，與二京十三省暨邊方商賈貿易，得數家〈程圖〉，窮其聞見，考其異同，反覆校勘，積二十七年編成了這猶如旅行交通指南的書。由於此書可以為漫漫的商旅行程提供方便，所以接連印刷了三次。

此後，萬曆年間又有陸噓雲的《新刻徽郡原版諸書直音世事通考》問世，其中時令、人物、身體、病症、五穀、葷食、衣冠、首飾、絲帛、靴鞋、百工、雜貨等各種常識，一應俱全。這種為商人編寫刊刻的日用百科全書，對外出經商的徽人幫助是很大的，使其對各地風土人情、性格喜惡都能有所瞭解和掌握，「一文錢」故事中的徽商正是在這類書籍的潛移默化下，針對蘇州人好玩的習俗，想出製造玩具的點子來的。

這也和徽州熱愛技藝的風氣有一定關係。《休寧碎事》曾記載：萬曆二十七年，休寧迎春演出的臺戲就有一百零九座。又據清代采蘅子《蟲鳴漫錄》一條史料，也能說明這一問題：金陵上河，是徽州木商的聚居地。每年燈會，他們的儀仗器物，皆剪紙為之，五色黏合，備極燦爛，雕鏤纖巧，殆類神工。空其中，可燃燭，人物燈式，宛肖真者，傘燈尤奇，還有穿茉莉結成的，超出想像。徽商製燈的耗費，就不下四千兩銀子！正是徽商這種熱衷於娛樂活動的風氣，觸發了「一文錢」故事中那位徽商製作玩具出賣的靈感。

諸多原因中最為主要的當歸結為徽州的教育。僅《康熙徽州府志》統計，當時的「社學」就達五百六十二所。《光緒婺源鄉土志》這樣記載：

> 婺人喜讀書，雖十家村落，亦有諷誦之聲，向科舉未停，應童子試者，常至千數百人。

徽州的教育是相當雄厚的，是從基層抓起、從娃娃抓起的。

可是明代徽州卻有句「以賈為生意，不賈則無望」的諺語，即按徽俗，如清代《豆棚閒話》小說所寫：「人到十六就要出門做生意。」

但這時外出的男童，已接受一定程度的教育了。《光緒婺源縣誌》所說奉父命服賈的董邦直，「奔走之餘，仍理舊業，出必攜書盈篋」。在徽人看來，經商和學習是互補的，是相輔相成的。汪道昆《太函集》明確指出：「詘者力不足於賈，去而為儒；羸者才不足於儒，則反而歸賈。」

這種「儒賈」、「賈儒」的模式，對徽商的事業是大有裨益的。汪道昆舉嘉靖曹演的例子：曹因家貧「捨儒而賈」，起初僅是資微本薄的「下賈」，由於曹善於在經商中用「心計」，只五年就達到了「中賈」，十年就成為「上賈」了。

《豐南志》記萬曆時，在兩淮經營鹽業的徽商吳承先，有空就翻閱史書，與人縱論社會興衰，即使碩學大儒也認為不如他。吳承先因此獲得了群商的信任，商人的經營活動都依靠他來策劃。吳承先也確實能「權貨物之輕重，揣四方之緩急，察天時之消長，而又知人善任，故受指而出賈者利必倍」。當然這種能力並非天生，而是他抱定了「賈儒」的宗旨，重視學習的結果。

這兩個事例，使人領悟到：是教育給徽商打下了成功的根基。

許奉恩正是綜合了以上徽商所擁有的文化品格，濃縮成了「一文錢」的故事，它不乏傳奇色彩，但它的確是徽商發展歷史中一個較為真實的寫照——那就是徽商在商業經濟活動中，儘管一時衰敗，但憑其優越的文化素質，也能在破落中找到希望，從一點一滴做起，注意小本的積累，轉敗為勝。

第四章

民俗世風

風行俗成，萬世之基定。

——漢．賈山

洗澡

許慎《說文解字》釋「洗」為「灑足也」，釋「澡」為「灑手也」。據此看來，古代的洗澡與現代的洗澡意義並不完全吻合。而只有將許慎對「沐浴」的解釋與「洗澡」合起來，才是完全意義上的洗澡，因為「沐，濯髮也」，「浴，灑身也」。

《禮記．內則》曾對洗澡規定為：

五日則燂湯請浴，三日具沐。其間面垢，燂潘請靧[20]；足垢，燂湯請洗。

一般人們洗澡程序為：「浴用二巾，上下絺。出杅，履蒯席，連用湯，履蒲席，衣布晞身，乃屨進飲。」一人死了也要剪去手腳指甲，洗澡後才能發喪。至於「孔子沐浴而朝」，則為眾所熟知。春秋時期，人們對洗澡是嚴肅而又認真的。

洗澡若想舒服、徹底，當然是在熱水池中最為理想。浴池較明確出現，約在秦始皇當政期間。唐代杜牧〈阿房宮賦〉中就有「二川溶溶，流入宮牆」、「渭流漲膩，棄脂水也」的句子。從這裡可以推斷：

阿房宮中是築有水道的，外面的渭、樊二川之水，可以引流入宮。宮人洗浴之後的脂粉水，又通過水道流出，以致使「渭流漲膩」。由此可以想見阿房宮中是有浴池的，而且數量不少，品質也不低。它表明了阿房宮中水道是經過精心規劃、設計的，設計者考慮了地形、坡降、流向，使水道既能吸納河水，又可經過迴圈排出髒水。阿房宮中甚至有過濾渭、樊之水的設施，使其晝夜不舍，汩汩流瀉。

貴族做為社會上層的代表者，需要整潔的外表，以與其赫赫聲威相匹配。南朝《世說新語》就主張洗澡後必換新衣，可見貴族將洗澡作為講究衛生的一個內容，並建立了一套步驟。但是貴族不可能使洗澡成為少數人的「專利」，如對僧侶來說，洗澡是侍奉佛事的必備條件之一。

唐代義淨將自己在印度所見僧人日常行儀法式，寫成《南海寄歸內法傳》，其中就有「那爛陀寺有十餘所大池，每日晨時，寺鳴犍椎，令僧徒洗浴」的記載。中國的佛教是從印度傳

20 靧：音同「會」，洗臉。

清代澡堂

來的，中國的僧侶也是嚴格遵循洗澡這一習規的。《南齊書》中提到的三卷《沐浴經》及《僧祇律》等經典中均有勸人多造浴室的文字，敦煌壁畫中有描繪僧眾洗浴的場面，都是洗澡習規的佐證。

高承《事物紀原》曾解釋四月初八「洗佛日」道：「以法水洗我心垢，今我請僧洗浴，以除身垢。」闡明了通過洗浴來尊佛的意願。中國的寺院很早就有浴室，如楊炫之《洛陽伽藍記》記寶光寺園中置有非常大的浴室。陝西扶風法門寺遺址就曾發掘出當時的浴室。

自此之後，我們無論在典籍中還是小說中，都可以經常看到講究洗澡的僧侶身影。他們視洗澡為莊嚴的儀式，像《五戒禪師私紅蓮記》中的長老那樣，在結束自己生命之前只有一個要求：「快與我燒桶湯來洗浴！」然後換了一身新衣服再「坐化」。

宋元時期，洗澡已遍及百姓。莊季裕《雞肋編》云：「東京數百萬家，無一家燃柴而盡用煤炭。」看來，市民享用熱水澡的機會是很普遍的。范成大《梅譜》還說：臨安的賣花者為了爭先為奇，將初折未開的梅枝放在浴室中，利用浴室的濕熱蒸氣薰蒸處理以便使處於休眠狀態的花芽兒提前開放。這顯然是洗澡對人民美化生活的影響。

《馬可．波羅遊記》告訴我們：在元代杭州一些街道上有「冷浴澡堂」，「由男女服務生為你服務，這些澡堂的男女顧客從小時候起，就習慣於一年四季冷水浴，認為這對身體健康大有裨益」。馬可．波羅還記下了杭州「所有的人，都習慣每日沐浴一次，特別是在吃飯之前」的這一良好風習。

《朴通事諺解》則一絲不苟地展現了一幅元代大都的「市民洗澡圖」——當時公共浴池除洗澡外，還可撓背、梳頭、剃頭、修腳，不過價錢不一樣，洗澡要交湯錢五個，撓背兩個錢，梳頭五個錢，剃頭兩個錢，修腳五個錢，全套下來，一共十九個錢，並不貴。一般老百姓還有這種承受能力。浴池裡還有放衣裳、帽子、靴子的櫃子。洗澡的步驟是：

> 到裡間湯池裡洗一會兒，第二間裡睡一覺，又入去洗一洗，卻出客位裡歇一會兒，梳、刮頭，修了腳，涼完了身，巳時卻穿衣服，吃幾盞閑風酒，精神別樣有。

這和現代人洗澡無甚兩樣。

從洗澡可以看出，宋代開啟了許多史學家所認為的「近代生活習俗的先河」。擬宋話本

《濟顛語錄》曾寫道：天未亮，城市還在熟睡，而浴池已開門迎客洗澡了。這一習俗一直延續到近現代，澡堂多在門首粉牆上置有「金雞未唱湯先熱，紅日東升客滿堂」的對聯，就是這種習俗的反映。洪邁《夷堅志》記：一般人家建房都有澡浴的房間。元代《析津志》有士庶之家，「聘女將嫁之明日，家人送女兒入堂中澡浴」，男方之家「一應都散湯錢」的記載，可見洗澡已融合進婚俗禮儀。

宋代還出現了淋浴裝置。《東京夢華錄》記載：東京元宵之夜，在御街上紮縛的燈山上有跨獅子、白象的文殊、普賢，他們「各於手指出水五道，其手搖動，用轆轤[21]絞水上燈山尖高處，用木櫃貯之，逐時放下，如瀑布狀」。據此推測，在浴池中裝置類似的絞水、貯水、放水器具，以當時的機械製作水準來看，是完全可能的。南宋李嵩所畫的〈水殿納涼圖〉中，就畫有水閘所控制的人工瀑布裝置，依此原理，它是可以轉化為淋浴裝置的。元代的銅漏計時則是比較明確體現出淋浴器面貌的裝置了。

值得一提的是陶宗儀《元氏掖庭記》中所記的皇宮洗浴。皇宮浴池紋石為質，金石鏤成，奇花繁葉，雜砌其間，上張紫雲九龍華蓋，四面皆蜀錦幃幃，跨池三周。橋上結錦為亭，中匾進鸞，左匾凝霞，右匾承霄，三匾雁行相望。又設一橫橋接於三亭上，以通往來。貴妃洗澡時騎在放置於池中的溫玉狻猊、白晶鹿、紅石馬等動物玩具上，做「水上迎祥之樂」遊戲。

王仁裕《開元天寶遺事》展露的是另一番景象：

> 奉御湯中以文瑤密石，中尖有玉蓮，湯泉湧以成池，又縫錦繡為鳧雁於水中，帝與貴妃施鏤小舟，戲玩其間。

唐代帝王、妃子洗澡竟這樣鋪陳富麗。

妃子們洗澡時，還在水中放了香料。如元代妃子洗澡的「漾碧池」旁有一「香泉潭」，「香泉潭」積香水以注入「漾碧池」中。有一小宮女，就因洗這香水澡愈益顯出體白面紅，似桃花含露，贏得了皇帝的歡心，稱她為「夭桃女」、「賽桃夫人」。

在水中放香料洗澡，並不自元代始。香料在很大程度上應理解為藥料。唐代孫思邈《千金翼方》卷五有一則洗澡藥方：

桃花　鐘乳粉　木瓜花　柰花　梨花　紅蓮花　李花　櫻桃花

21 轆轤：利用滑輪原理製作而成的井上汲水用具。

製法是「花、香分別搗碎，再將珍珠、玉屑研成粉，合和大豆末，研之千遍，密貯。常用洗手面作妝，堅持一百天，其面如玉，光淨潤澤，臭氣粉滓皆除」。咽喉臂膊用此藥洗，也是這樣。洗藥澡不僅使皮膚白皙，而且防疫健體，所以歷久不衰。從《太平廣記・董奉》條知道：在漢代有人身痛，皮膚脫落，此人因「得水浴，痛即止」，二十日，皮生即癒，身如凝脂，藥澡效力於此可見一斑。宋代東京的藥鋪則出售專門的「洗面藥」，元雜劇《謝天香》細緻刻畫了婦女用「熬麩漿細香澡豆」洗浴的場景，這都標誌著「藥澡方」已很盛行。清代《三農紀》中就直接將「枸杞煎湯」洗澡藥方，作為健身必用之道向人們推薦。

唐宋溫泉浴也很流行。劉斧《青瑣高議》前集〈溫泉記〉講的是四川書生張俞過驪山時與一仙子在一金碧射人、彩楹瑣窗的大室內洗溫泉浴的故事。唐代無名氏《梅妃傳》中也有「同浴溫泉」的蹤跡。儘管它們主要是對貴族而言，但卻是唐宋溫泉浴的如實場景。

明代，溫泉浴逐漸推廣開來，並發展到室外。《西遊記》第七十二回中的溫泉浴場景就相當可觀：

那浴池約有五丈餘闊，十丈多長，內有四尺深淺，但見水清澈底。底下水一似滾珠泛玉，

> 骨都都冒將上來。四面有六七個孔竅通流。流去二三里之遙，淌到田裡，還是溫水。池上又有三間亭子。亭子中近後壁放著一張八隻腳的板凳，兩山頭放著兩個描金彩漆的衣架。……那泉卻是天地產成的一塘子熱水。

明人唐桂芳用詩吟詠了類似的東南溫泉：「我來欲浣塵俗緣，垢膩澡盡瘍痱痤。」道出了從洗溫泉澡中尋求享受和強身的心態。

明清的溫泉浴較之以前的水準要高得多。明代《食療本草》、《食品集》都對明代的溫泉進行了科學的總結，提出：

> 溫泉水，味辛熱，有毒，切不可飲。惟治諸風筋骨攣縮及肌皮頑痺，手足不遂，無眉髮，疥癬諸疾在皮膚骨節者，須入浴之。浴訖當大虛憊，可隨病與藥，以飲食補養。非有病人，不可輕入。

到了清代，出於強身健體的考慮和對自然科學的偏愛，康熙摸索出了一整套洗溫泉澡的經驗。康熙五十年（一七一一年），年已七十的大學士李光地身患毒瘡，康熙就指授他去洗

溫泉澡，即「坐湯」泡洗。李光地遵囑進行了洗溫泉澡的治療，毒瘡很快就得到了控制並痊癒。康熙還對他所喜愛的昌平湯泉進行了考證，其用心無非是為了推廣洗溫泉澡的功效。這一時期的學者統計各地溫泉總計多達二百二十餘處，不能不說與康熙提倡洗溫泉澡有關。

明代的名士屠本畯還將「澡身」與「賞古玩」、「爇名香」、「誦名言」並列，表明明代的洗澡較之以往更加講究。《酌中志》記述了明代京城已實行「擦澡」，清代揚州評話《清風閘》（又名《皮五辣子》）中一節就細緻描寫了理髮、刮臉等洗澡步驟，尤寫擦澡中的「捶背」，這是「一家功夫」，不但要捶出節奏，還要捶出名堂，什麼「八哥子洗澡」、「喜鵲登梅」、「霸王亂點名」等。捶到最後，再拍三巴掌，叫「鳳凰三點頭」。這一描寫使人更加神往這一可以增加體內熱量，促進毛細血管舒張擴充，加快血液迴圈，可吞噬體內病菌，提高免疫力，對散胃寒、瀉胃炎具有特殊效果的擦澡。

清代的洗澡，還注意吸收外來先進之風，為己所用。如故宮武英殿西朵殿浴德堂後建有一穹窿浴室，室內頂、壁滿砌白釉琉璃磚，其後有水井，覆以小亭，在室之後壁築有燒水用的鐵製壁爐，用銅管引入室內。這是典型的阿拉伯式洗澡樣式，在這種浴室內是可以洗「蒸氣浴」的。據說庚子以後，北京開始用西法鑿井取水洗澡，故宮及三貝子花園就有這樣的鑿井。這是中國洗澡史上的別一段風味。

但是若講集中國古代洗澡之最高水準者，還是要推清代的慈禧太后。北京昌平縣小湯山就有慈禧的一個浴池，據測量，它長四點五五公尺，寬二點九公尺，深一點四公尺。池壁是由經過加工的十塊巨石壓縫交口鑲拼而成的，由十塊方形石板鋪成。與它相鄰的是一蓄水池。洗浴時，溫泉水從石縫中湧入蓄水池，將滿時把南壁上的一個閘門打開，水穿過暗槽流入浴池。這個浴池設計可謂別致精巧，不愧是溫泉池之冠。

普通老百姓的洗澡雖然沒法與慈禧相比，但洗澡的設施等卻也達到了相當高的級別。如清代揚州的「新豐泉」，是用白玉砌成的池子，面積達丈餘，中間隔為大小數格，近鑊水熱的為大池，次者為中池，小的不太熱的池子為娃娃池。貯衣的櫃，環列在廳，兩旁為站箱。內通小室的是暖房，侍者還可為洗澡者按摩……這種洗澡樣式在江南極為常見，日本所出《清俗紀聞》非常逼真地描述了這種浴池的面貌：浴池外黃色竹籠製桌後坐著收錢人，入口門頭上刻有「浴殿」，兩柱上貼著一副對聯：「楊梅結毒休來浴，酒醉年老沒（莫）入堂。」有坐在用藤條箍牢的大盆中和泡在石砌的水池中兩種洗澡者，洗盆澡的可用木製水勺盛地上水桶中的水添入盆中，在池中洗熱水澡的，池燒口在外，由一人專職燒水。燒水者手中所握的竹管乃是專為調節池中溫度吹火用的……

這種浴池和《清風閘》中一節〈大鬧澡堂〉十分一致。如門口所貼對聯，浴池分水燙的

頭池，水不燙的二池。稍有不同的是，《清風閘》所寫這個「白玉池」大門裡迎面白粉牆上有個大紅顏色的「忍」字。這是告示各位澡客進門先與忍字照一面，「遇事不能發脾氣；要著氣，要打架，請出去鬥；人在澡堂子裡，身上一絲不掛，精赤條條，滑手滑腳，淘氣打架要出事」。這不禁使人想起清代《點石齋畫報》上一幅題為〈無衣無褐〉的圖畫，畫的是江南一浴池，洗澡兩少年的服裝被突來數人全部掠走。這顯然是有意報復的惡作劇，不過卻使當代人更加清楚地窺見了當時江南鋪陳清潔的浴池內部景象。

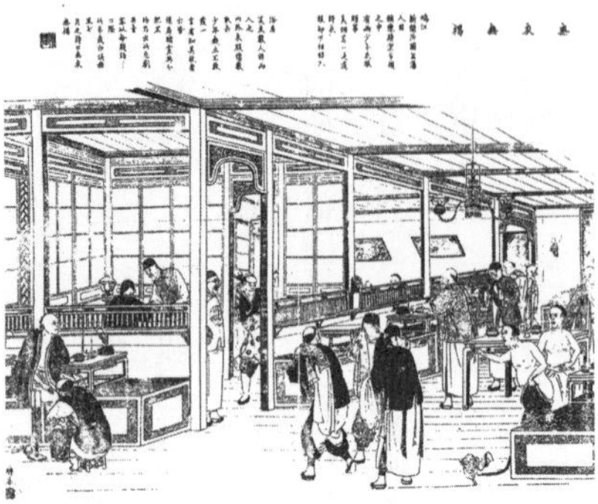

《點石齋畫報．無衣無褐》

洗澡更為動人的另一種景象則是在室外，據《萬曆野獲編》等典籍記載：自明代較為明顯地出現了六月六日這天，男人、婦女、小兒、老漢，甚至帶上家養的貓犬等動物，「亦俾浴於河」。這是因為百姓認為一年四季中盛夏發病率最高，為防病須洗澡，這也是長久以來人民洗澡習俗的一種集中體現，至今有許多地區人民還保持著六月六日洗澡這一有益於健康的風習。

頭髮風習

古代中國人，對頭、髮是很看重的。《黃帝內經．素問》云：「頭者，精明之主也。髮者，頭之華。」《釋名》認為：「頭，獨也，於體高而獨也。髮，拔也，拔擢而出也。」

連繫這兩種觀念來看，頭、髮是人最重要的外觀，要精心地保護，不斷地修飾才行。所以，中國人很早就發明了梳、篦，在新石器時代就出現了下端開十六個細密梳齒的象牙梳子，從戰國到魏晉南北朝的木篦，已是在寬度不到十公分的木片上，均勻地分出一百多根梳齒，每根梳齒皆薄如紙片的樣式。

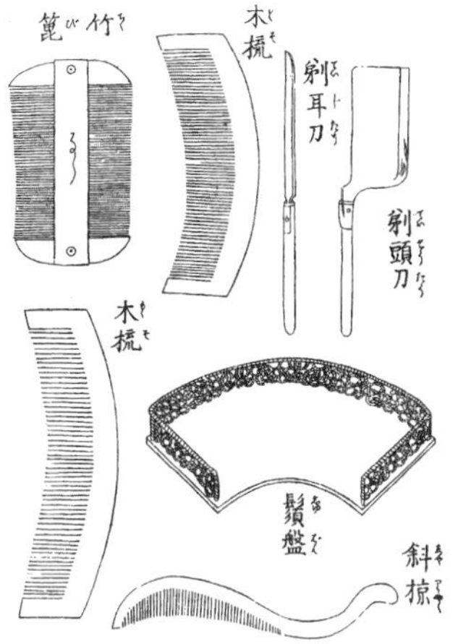

理髮工具

一般說來，梳齒粗而稀，篦齒細而密。故《蒼頡篇》有言：靡者為比，粗者為梳。這也就等於說：梳理頭髮用梳，清除髮垢用篦。至宋以後，梳子的形狀漸趨一致：扁平，半月形；篦為兩排齒，中間貫以横梁。洪邁《夷堅志・程氏買冠》曾云：「有客商從臨川來，尋常以篦頭釵鑷就灣中販鬻者。」可見當時從事篦頭行業的人是很多的。自宋以後，梳、篦的樣式基本沒變。

要使頭、髮整潔，僅梳頭篦髮是不夠的，還要剃頭理髮。古代漢人出生第一件大事就是剃頭，元雜劇《灰闌記》一折云：「現放著剃胎頭收生的老娘，則問他誰是親娘，誰是繼養？」二折又云：「現放著收生的劉四嬸，剃胎頭的張大娘，俺孩兒未經滿月，早問道我十數遭。」

成人的剃頭，則如元代《朴通事諺解》展示的那樣：

> 叫將那剃頭的來（漢俗凡梳頭者，必剃去腦後頂上際細毛，故曰剃頭）……不要只管的刮，刮的多頭疼……剃了撒開頭髮梳，先將那稀篦子了，將那挑針挑起來（挑針用牛角作廣篋，上一端作刷子者多者，厚難梳，故先梳之，以此篋插置上頭更梳下，今俗猶然）。用那密的篦子，好生著，將風屑去的爽利著，梳了綰起頭髮來。將那鑷兒來，摘了那鼻孔的毫毛。將那鉸刀斡耳消息來，掏一掏耳朵（以禽鳥毳翎安於竹針頭，用以取耳垢者，俗

呼為消息，舊本作蒲樓，翎兒朵作垛，是俗去聲讀），與你五個銅錢。

以上可見，元代將理髮、篦頭、掏耳垢統稱為剃頭，其方式已和現代的理髮無太大的差別。而且，據《兩浙金石志》卷十五所載元代延祐元年（一三一四年）長興州修建東岳行宮碑，其中揭載諸商行施主姓名來看，「積財司」是由當時的「淨髮行」，即理髮行的姚珍、桑琇、費榮、錢大亨、俞慶所捐。

這表明元代的理髮行，已是城市中具備一定經濟實力的獨立行業。元人湯式就有一首〈贈錢塘鑷者〉的散曲，刻畫了當時已經定型的理髮匠的情形：

雪錠刀揩磨得銛利，花錠鑷摶弄得輕疾，烏犀篦雕鏤得纖密，白象梳出落得新奇。雖然道事清修一藝相隨，卻也曾播芳名四遠相知。剃得些小沙彌三花頂翠翠青青，摘得些俊女流兩葉眉嬌嬌媚媚，鑷得些恍郎君一字額整整齊齊……

散曲反映出了元代人們理髮的廣泛，無論男女老幼，都將「篦頭絞面」作為一種必不可少的美容方式。元話本〈金海陵縱欲亡身〉也曾這樣展示過：

貴哥走到廳上，吩咐當值的去叫女待詔來，「夫人要篦頭絞面」。當值的道：「夫人又不出去燒香赴筵席，為何要絞面？」貴哥道：「夫人面上的毛可是養得長的？你休管閒事！」當值的道：「少刻女待詔來，姐姐的毛一髮央他絞一絞，省得養長了拖著地。」貴哥啐了一聲，進裡面去了。不移時，女待詔到了，見過定哥。定哥領他到妝閣上去篦頭，只叫貴哥在傍伏侍，其餘女使一個也不許到閣上來。女待詔到得妝閣上頭，便打開傢伙包兒，把篦箕一個個擺列在桌子上，恰是一個大梳，一個通梳，一個掠兒，四個篦箕，又有別子剔帚，一雙簪子，共是十一件傢伙。纏把定哥頭髮放散了，用手去前前後後，左邊右邊蒲　摸索，捏了一遍，才把篦箕篦上兩三篦箕。

在明代，像元代這樣的「篦頭絞面」更加普及，更加規範。凌蒙初《二刻拍案驚奇》卷十五就寫道：南方省分的風俗，女性要「整容開面」，便要喚「整容匠」來，即所謂「小戶人家女人篦頭剃臉，多用著男人」。

《永樂大典》一四一二五卷的〈淨髮須知〉，還對理髮匠招攬生意的家什進行了描寫：「指彈清鑷，響聲入耳玉玲瓏。」「清鑷」又稱「喚頭」、「鐵琴」，上下兩片，一端有柄，形如鑷子，用鐵棍從兩片尖端劃出，發出嗡嗡顫聲。這是理髮匠必備之物。陳鐸《坐隱先生精訂滑稽餘韻》則有「梳篦鋪」：

象牙玳瑁與紋犀，琢切成胚，黃楊紫棗總相宜。都一例，齒齒要勻齊。（麼）清濁老幼分稀密，向清晨櫛裹修飾。拂鬢塵，除髮膩。諸人不棄，無分到僧尼。

將元、明散曲、話本等連繫起來看，可以明白：元、明的理髮工具質地各異，多達十餘種，理髮匠還要兼會按摩才行。《金瓶梅詞話》第五十二回就有這樣的場景：

西門慶坐在一張京椅兒上，除了巾幘，打開頭髮。小周兒在後面桌上鋪下梳篦家活，與他篦頭櫛髮。觀其泥垢，辨其風雪，跪下討賞錢，說：「老爹今歲必有大遷轉，髮上氣色甚旺。」西門慶大喜。篦了頭，又交他取耳，掐掐身上。他有滾身上一弄兒家活，到處都與西門慶滾捏過，又行導引之法，把西門慶弄得渾身通泰，賞了他五錢銀子，交他吃了飯，伺候與哥兒剃頭。

於此可見，篦頭和剃頭不同，篦頭是用細密的篦子密密疏理頭髮，去掉汙垢。唐代杜甫〈水宿遣興奉呈群公〉就曾這樣說過：「髮短不勝篦。」篦頭是包含在剃頭之中的，這就需要剃頭匠掌握多種與頭髮有關係的技能。

清代《北京民間風俗百圖》中有一剃頭匠給人剃髮後做按摩的〈剃頭放睡圖〉可以給予證實：

每日將頭剃完，筋骨疼痛者，剃頭的坐於高凳之上，其人躺在剃頭的腿上。令其搥拿，其快活勁兒無比。

〈剃頭放睡圖〉

這就表示了剃頭匠除理髮梳辮外，至少要學會按摩。這正像明代吳正倫《養生類要》輯古人對頭髮的經驗，提出髮多梳，能去風明目的養生之道一樣。而清代北京的剃頭匠除掌握梳、編、剃、刮、剪、剔、染等基本技能外，還會捏、拿、捶、按、掏、接、活、舒、補等醫術，也正是為了使剪理髮的內含更加全面。

當然，剃頭匠最根本的還是要以理髮為主。這是因為人的頭是要長髮的，而「髮」，劉熙《釋名》將其解釋為「拔也」。其意自明，人的頭髮是不斷生長的，這就需要經常不斷地除掉，但除掉不是目的，頭髮應保持一形。

《禮記．內則》對此有這樣的說法：

> 髮者，以韜髮作髻訖，即橫插笄以固髻。總，亦繒為之，以束髮之本，而垂餘於髻後以為飾也。

據此對古代中國男女的髮型進行觀察，再據董斯張《廣博物志》所說「古者男子婦人俱有笄」，可知古代中國男女的髮型是以髻為規範。如小兒髮出生為小髻，士兵結一撮形如椎的「椎頭髻」；少女則將頭髮集束於頂，編結成兩個似樹杈的「丫髻」，成年婦人的飛天髻、蛇髻、盤桓髻、朝天髻、同心髻、流蘇髻……這種對頭髮剪、修的講究，可以明代佚名的《松下雜鈔》所記皇宮「篦頭房」為說明：

> 篦頭房，近侍十餘員，專習為皇子女請髮、留髮、入囊、整容之事。凡誕生皇子女，彌

月剪胎髮，百日命名後，按期請髮者，如外之每次剃頭者然，一莖不留如佛子焉。皇子戴玄青縐紗，六瓣有頂圓帽，名曰瓜拉冠。至十餘齡留髮，約年餘，又擇吉入囊，總束於後，冬用玄色紵，夏用玄色紗作囊，闊二寸許，長尺餘，垂於後，至選婚有妃，始擇吉行冠禮，此皇子事也。皇女戴寸許闊小頭箍，至十餘齡留髮，約年餘，又擇吉扒角，至選婚有駙馬，始擇吉上頭，此皇女事也。

從中可以看出，古人對剪修頭髮十分重視，並建立了一套嚴密的步驟，而且世代相沿，融入禮制。可以說，頭髮雖小，所關事大，於婚則曰「結髮」，於喪則曰「括髮」，於夷則曰「斷髮」，於僧則曰「削髮」，於權術則曰「割髮」，於悲壯則曰「怒髮」，於國情則可曰「千鈞一髮」……

在古代中國歷史上，就曾因頭髮的剃與留展開了一場殊死的鬥爭，這就是人們熟知的清兵入關發出的「薙髮令」。據慶榮增〈剃頭挑子〉一文考證：

剃頭用的大銅盆，是清兵的銅盔。一根刁頭旗杆，是懸掛清帝聖旨的。刁頭上掛著的磨刀布，代表敕軸。扁擔一頭的紅色小凳，是梟人腦袋用的。圍在剃頭匠胸前的大藍布圍巾，是圍裙。大小剃頭刀，是剁人犯的用具。接剃下短髮用的笸籮，是軍用的「藤牌」。扁擔上捆著的白色長繩，是綁人用的……這些工具在清初都是官發的，私人不准製作。不論剃頭匠到什麼地方，只要一響「喚頭」，百姓必須出來請剃。若有違抗，剃頭匠便首先放下「赦軸」，用「法繩」把違抗者綁起，推在凳上「正法」……

以上說法，夾雜著民間的傳聞，但大體上是符合清兵對違抗剃頭者當場殺死的史實的。一六四四到一六五〇年義大利人衛匡國的《韃靼戰紀》中就有中國南方軍民為保衛頭髮而戰的敘述：

> 士兵和老百姓都拿起了武器，為保衛他們的頭髮拚死鬥爭，比為皇帝和國家戰鬥得更英勇，不但把韃靼人趕出了他們的城市，還把他們打到錢塘江，趕過了江，殺死了很多韃靼人。實際上，如果他們追過江去，也許會收復省城和其他城鎮，但他們沒有繼續發展勝利，只滿足於保住了自己的頭髮。

由剃髮留髮而演變成浴血奮戰，這是古代中國的一場奇觀，究其實質，它是一場兩種不

同風俗習慣的交會而引起的碰撞。

張岱《石匱書》中所記的蘇州優人周之蘭發出的「必剃髮我死」的吶喊，是那整整一個時代的漢民族心聲。在漢人看來，頭髮「受之父母，不敢毀傷」，失掉了頭髮等於失去了人的尊嚴，更何況要將這種長期梳理而成的髮型，改變為頭顱四周的頭髮全部剃掉，僅在頭頂留下面積只有一個銅錢那麼大的頭髮，結辮而垂下的「金錢鼠尾」式！

可是，在清兵的高壓之下，野蠻暫時征服了文明，剃頭得到了實施，然而這並不能抹掉漢族對蓄髮這種華夏風俗的懷念。在這方面，文學家拿起筆，發出了含蓄而又激烈的呼叫，像明末清初的沈自晉，以一女子剪髮為題所作的〈賦剪髮寄怨〉散曲：

（香羅帶）飄零薄命咱，魂驚夢遐。同心待綰如撚沙，何不除將煩惱掛袈裟也？早去從披剃，怎受恁波查，如今索性訣絕了他。好個如雲髻，忍下得金刀玉手叉！

（梅花塘）這頭髮，自小兒留下，十二掩蛾眉，十五雙鬟鴉。及笄鸞鬢，那更不屑鬄也堪誇。心痛殺，只索把、情絲封絳紗。

（香柳娘）淚紛紛似麻，淚紛紛似麻，斷腸羅帕，髮和淚漬多嬌姹。且參咱謎啞，且參咱謎啞，失計枉嗟呀，教奴也沒法。任旁人嗑牙，任旁人嗑牙，只說心堅怎差，我卻死而難罷。

在這套散曲中，沈自晉用「雙關體詞」，宣洩了心中的憤怒，如上邊未引的「無端鼠雀嘩」、「髮與恨無涯」、「願郎心鑒察，認取髮如豔葩」等句。它的社會寓意是很深刻動人的，表達了漢族風俗習慣的難以動搖性。即使在完全安定的時期，也有人寫詩嘲諷剃頭式樣，像吳祖修寫的一首〈剃頭〉詩：

吾生適值鼎將遷，卅載頭毛未許全。四角不妨芟似草，中央何必小於錢？

而經過了二百六十七年漫長的歲月，以剪辮子運動宣告了清王朝的滅亡，則是一個最好的說明。它告誡人們：頭髮樣式作為一種風氣，儘管遇到強權和暴力的摧殘，但因其植根於中華民族的深深沃土之中，終究是要崛起於文明之林的。

廁所・便器

何謂「廁所」？從字義上看，古代的「廁」，從廣，廣像屋；從則，則當側，這可將廁所解釋為「設於房子旁邊的側屋」。

較早的典籍稱「廁」為「清」，或作「溷」、「圊」。《說文》云：「廁，清也。」《釋名》云：「溷，為濁；圊，為至穢之處，宜常修治使潔清也。」廁所又稱「偃」，《莊子・庚桑楚》：「觀室者周於寢廟，又適其偃焉。」注云：「偃謂屏廁。」看來古人參觀居住房屋，必到廁所去檢查一番，而廁所還須用屏障掩蔽。

以上釋說，大致勾勒出了廁所的最初形狀及作用。它顯示了春秋戰國時期，廁所的建設和使用就已經十分規範。《墨子・旗幟》就曾記述那時的公共廁所：在道外設屏，以三十步為周長，一般要垣高十二尺以上。

公共廁所發展到了漢代，已需專人管理。《太平廣記》卷八〈劉安〉條記述：

劉安成仙，遇仙伯，坐起不恭，語聲高亮。於是仙伯的主者奏劉安不敬，應斥遣去，讓劉安「謫守都廁三年」。

這雖是神話，但由此可見漢代的城市公共廁所已有一套規矩，而且水準也不低。

又如豫東所發現的西漢梁孝王之王后墓，為目前國內最大崖洞墓，其主要建築結構有天井、貯冰室、車馬室、排水道、棺床、庖廚、浴室、廁所……墓中最為叫絕的用具之一就是廁所——便池右側立一石質扶手，鑲於便池後立石板中，坐便池上有兩塊靴狀畫像石，其上用陰線刻手法刻畫有樓房、常青樹和幾何紋圖案，這個兩千多年前的坐便已不亞於現代裝飾豪華的坐便池。

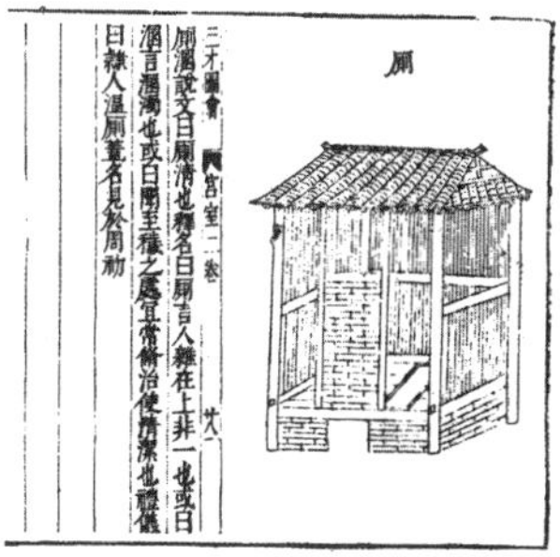
廁
三才圖會 宮室二卷
廁溷說文曰廁清也釋名曰廁言人雜在上非一也或曰
溷言溷濁也或曰圊至穢之處宜常修治使精潔也禮儀
曰隸人溫廁蓋名見於周勑

古代廁所圖

當然，這種廁所並不普遍，漢代較為普遍的廁所樣式為與豬圈相連，以使養豬、積肥並重。《漢書．武王子傳》「廁中豕群出，壞大官灶」，就證實了漢代廁所的這一特點。

還有，東漢魏晉時的隨葬冥器、鄭州後莊王一九九號墓出土的漢代與廁所相連的灰陶豬圈、徐州十里鋪姑墩出土東漢晚期的廁所與豬圈，均可證實這種豬圈與廁所相連，飼養豬兼積肥的方式，已作為一種較為標準的生活方式，在漢代普遍實行開來……

與漢代互相映照的是《夢粱錄》中臨安的那種有專人收集糞便的方式：街巷小民之家，多無坑廁，只用馬桶，每日自有出糞人瀽去，這叫「傾腳頭」。這些「傾腳頭」各有主顧，不敢侵奪，或有侵奪，糞主必與之爭，甚者到官府訴訟。

這種專人管理，由專人收集糞便，專倒一處的方式，已具有了行業的性質，這也是公共廁所的一種。由於公共廁所建設、管理得好，宋代城市衛生清潔是聞名於世的，有所謂「花光滿路」之譽。

可並不是每個朝代的公共廁所事業，都是建設和管理得好的。明清北京大街上公共廁所就非常少，以致有「京師無廁」之稱。明代王思任在《謔庵文飯小品》中曾繪聲繪色地作賦道：「愁京邸街巷作溷，每昧爽而攬衣。不難隨地宴享，報苦無處起居。」

清代佚名《燕京雜記》說：北京的公共廁所，入者必須交錢。故人都當道中便溺，婦女也都當街倒便器，加之牛溲馬尿，有增無減，重汙疊穢，觸處皆聞。夏仁虎《舊京瑣記》也說：行人便溺多在路途，雖有厲害的官吏懲治，但頹風不可挽，有的官員也在道上便溺。

至清末時，這種狀況略有改觀。北京各街遍修廁所，不准隨意便溺。備有車輛，裝載糞便，以搖鈴為號。《京華百二竹枝詞》中專有詩歌詠這一公共廁所事業：

糞盈牆側土盈街，當日難將兩眼開。廁所已修容便溺，搖鈴又見穢車來。

從宏觀角度觀察，明清南方的公共衛生要強於北方，沈德符在《萬曆野獲編》中有過這樣的評論。公共廁所建設、管理得好，是其中一個非常重要的原因。明末清初有收錄在《照世杯》的佚名者所作小說〈掘新坑慳鬼成財主〉，通過湖州烏程縣鄉村的公共廁所建設、管理，就反映出了這樣的一面：

一是清代城市廁所較多。穆太公就是因為到城裡去，見道旁都有「糞坑」，才動了腦筋，做廁所生意的。在他看來，「倒強似做別樣生意」！

二是鄉村廁所也非常規範。穆太公請了瓦匠，「把門前三間屋掘成三個大坑，每一個坑都砌起小牆隔斷，牆上又粉起來，忙到城中親戚人家，討了無數詩畫斗方[22]貼在這糞屋壁上」，他又請了一位鎮上教書先生，為這個廁所題了個不倫不類的「齒爵堂」名字。

三是廁所生意也要做廣告。穆太公怕眾人不曉得他所砌的廁所，又求教書先生寫了百十

22斗方：書畫所用的冊頁，或指一二尺見的字、畫作品。

張「報條」四方貼起，上面寫著：

穆家噴香新坑，奉求遠近君子下顧，本宅願貼草紙。

四是廁所還須美觀、方便。穆太公將廁所「粉得像雪洞一般，比鄉間人臥室還不同些」。鄉間人便後揩屁股，「用慣了稻草瓦片」，穆太公便配上現成的「草紙」，加上他開的廁所「壁上花花綠綠，最惹人看，登一次新坑，就如看一次景致」。連那女流也來上糞坑，穆太公便又蓋起了一間女廁所。

五是廁所的糞便可以出售。明末清初的《沈氏農書》就有去杭州買人糞的記錄，穆太公賣糞正可互證：一時種田的莊戶，都在他家來躉買，每擔是價銀一錢，更有挑柴、運米、擔油來兌換的。

六是廁所文明已經形成。「那些大男小婦，就如點卯一般，魚貫而入，不住穿梭走動」，穆太公每天「五更便起，給放草紙，連吃飯也沒工夫」。這使人感受到明清之際鄉村開化習氣的吹拂。

這如同張宗法在《三農紀》中論述如何造好廁所一樣：「忌當前門、後門及屋棟柱，不可近灶、近井。……出入當諱，掃治潔淨。」細細地立規矩、定章法，清代已將廁所的建設當成居家講究、宅之美觀的標準。

以上所敘只是平民廁所概觀。若轉換視點，看一看貴族廁所則又是另一番風光。在這方面較為突出的是魏晉時期的數則逸聞。如《世說新語》載：

石崇廁，常有十餘婢侍列，皆麗服藻飾。置甲煎粉、沉香汁之屬，無不畢備。又與新衣箸令出，客多羞不能如廁。

劉寔詣石崇，如廁，見有絳紗帳大床，茵蓐甚麗，兩婢持錦香囊。寔遽反走，即謂崇曰：「向誤入卿室內。」崇曰：「是廁耳。」

王敦初尚主，如廁，見漆箱盛乾棗，本以塞鼻，王謂廁上亦下果，食遂至盡。

《洛陽伽藍記》載：「陳宛盛其居，上廁，上術湯盥手，槐板覆敞糞穴，為都城第一。」《襄陽記》載：「劉香和如廁，從香煙上過。」

貴族擁有的經濟優勢，使其使用的廁所也富麗無比。《雲林遺事》記明代貴族的廁所，建成高樓式樣，下設木格，中實鵝毛，凡便下則鵝毛起，覆之，一童子在旁邊將糞便移去，

根本聞不到臭氣。這倒是對廁所建設的一個貢獻。

廁所對貴族來說，並非是單純的排泄髒物，在政治方面也起到過作用。

陶宗儀《南村輟耕錄》列舉了許多這樣的故事：

> 漢文居灞北，臨廁使慎夫人鼓瑟；晉侯食麥脹，如廁陷而卒；趙襄子如廁執豫讓，高祖鴻門會如廁召樊噲，金日磾如廁擒莽何羅，范雎佯死置廁中，陶侃如廁見朱衣，沈慶之夢鹵簿入廁中，崔浩焚經投廁中，蒯盟孔悝於廁，曹植戒露頂入廁等等。

呂后切斷戚夫人手足，去眼，煇耳，飲瘖藥，使居廁中，命名為「人彘」。宋《警世通言．拗相公飲恨半山堂》描寫王安石是在「坑廁土牆上」見到八句詩後受到刺激。這都使廁所蒙上了一層陰影。

但廁所也有其明快的一面。左思創作〈三都賦〉，就將筆硯置廁所中進行。歐陽修則常在廁所上讀書。更為重要的是紫姑神，劉敬叔《異苑》記載：

> 紫姑本人家妾，為大婦所妒，正月十五日感激而死，故世人作其形迎之。咒云：子胥不在，曹夫人已行，小姑可出。於廁邊或豬欄邊迎之。

宋代陳元靚《歲時廣記》補充道：「亦必須淨潔。」沈括《夢溪筆談》則說：「迎紫姑廁神，亦不必正月，常時皆可召之。」

實際上這是人們通過樹立廁所之神，寄託一種不可歧視廁所的作用，要保持其潔淨的美好心境。所以祭祀紫姑廁神，成為婦女的專職，進行占卜、求吉、求蠶桑豐收等，成為正月裡一項具有喜慶色彩的活動。

使人可以與此生發具有同等意義聯想的是在元代大都市民之家，小孩的便器是「溺葫蘆」。這是對廁所的一種變化，揭示出我們的古人，是很注意廁所以外的便器設計和創造的。清代曹庭棟《養生隨筆》就專門提出：

老年夜少寐，不免頻起小便，便壺實為至要。製以瓷與錫，俱嫌取攜頗重，惟鉛可極薄為之，但質輕又易傾覆，或須邊直底平，規圓而扁，即能平穩。

大便用圍桶，坐略久，即覺腰腿俱痠，坐低而無倚故也。須將環椅於椅面開一孔，孔大小如桶，鋪以絮墊，亦有孔如椅面，桶即承其下，坐既安然，並杜穢氣。

《山居清供》曰：

截大竹整節，以製便壺，半邊微削，令平作底，底加以漆，更截小竹作口，提手亦用竹片黏連。又有擇葫蘆扁瓢，中灌桐油浸透。制同於竹，此俱質輕而具朴野之意，似亦可取。再大便用環椅如前式，下密鑲板，另構斗室，著壁安置，壁後鑿穴，作抽替承之。

當然，最高級的還是應推帝王將相的便器。他們的便器又稱「虎子」或「伏虎」，有的用玉製作，有的用七寶裝成，珠光寶氣，價值連城。但這些帝王的便器無論從製造技術還是新奇、品質諸方面，都未能超過慈禧太后的檀香木便器。金易、沈義羚《宮女談往錄》中記載它的具體形狀：

外邊刻著一條大壁虎。啊呀！這條大壁虎，刻得不用說有多好看了。它好像碰到什麼獵物要進行捕捉一樣，四隻爪子狠狠地抓著地，這就是官房底座的四條腿；身上有隱隱的鱗，彷彿都張起來了；肚子鼓鼓地憋足了氣，活像一個扁平的大葫蘆，這正好作官房的肚子；尾巴緊緊地卷起來，尾梢折回來和尾柄相交形成一個8字形，巧妙地做成了官房的後把手。壁虎頭翹起來，向後微仰著，緊貼在官房肚子上，下頷稍稍凸出，和後邊的尾巴正好是平行地位，手的虎口恰好可以托住，正好作為前面的把手。壁虎頭往後扭著，兩眼向上注視著騎在背上的人，嘴略略地張開一條縫，縫內恰好可以銜著手紙！兩隻眼睛鑲著紅紅的不知叫什麼的寶石，閃亮閃亮的。整個官房比瓷盆略高一些，可以騎在上面。官房的口是略長的橢圓形，有蓋，蓋的正中臥著一條蝎虎，作為提手……我不知有多少次看著老太后騎在上面，用手紙逗著大壁虎玩。

大壁虎的肚裡，是香木的細末，要乾鬆而蓬蓬著，便物下墜後，立即滾入香木末裡，被香木包起來，根本看不見髒東西，當然更不會有什麼惡氣味了。

這種便器簡直就是一件藝術品，使用一次，在感覺上不啻一次美好的享受，但這種享受只能專屬一個人。這種在便溺時也要保持天下第一的尊嚴和極舒適的享用姿態，也是封建王朝典章制度的一個突出特點。

北方民族馬術

歷史學家指出，一部中國北方民族的歷史，就是一部北方民族騎馬的歷史。細細推想，這話不無道理。馬及馬術的確是北方民族立國的根本：

像吐谷渾青海的龍種馬，渤海的名馬，日常馳數百里，千里飆舉電至的匈奴馬，上下崖壁如飛的女真馬，來如激矢，去如絕弦，倏來忽往，雲屯霧散的突厥馬……逐水草而遷徙，征強盛而發展，馬與馬術可稱得上是北方草原地區遊牧民族最重要的文化特色。

蘇頌在《使遼詩注》中曾這樣展示過契丹馬與馬術的情形：馬群，「動以千數，每群牧者才三二人而已。縱其逐水草，不復羈絆，有役則旋驅策而用，終日馳驟而力不困乏。彼諺云『一分餵，十分騎』」。蘇頌還說契丹馬的形體，皆不中「相法」，蹄毛俱不剪剃，這是為了使馬遂性，以滋生益繁。

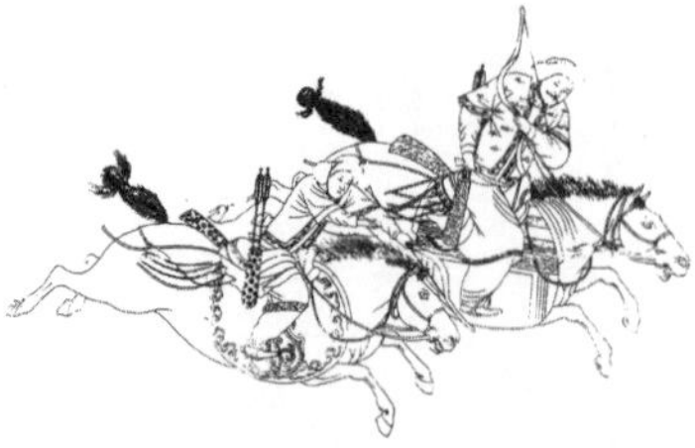

遼代射獵圖

滿族對馬的馴養，在《黑龍江述略》中有明確的記載：

罕有菽粟之餵，每以馳騁為事，俯事轉膝，惟意所適。暫有卸鞍之暇，則脫而放之。欄內不蔽風雪寒暑，放牧於野。

據《寧古塔紀略》：在滿族集中的寧古塔地區，八旗在每年的端午節之後，派什庫一人率幾名兵丁，將馬盡放於百里之外有水草處，一直到七月馬吃肥了才回來。《滿族源流考》曾不無自豪地認為滿族一開始沒有多少兵，但野戰則克，攻城則取，主要是由於馬術與射術精湛的緣故。

尤其是蒙古族，當我們翻開十三世紀的世界史冊，就會驚訝地發現，這一世紀可稱為蒙古的世紀，因為整個世界的文明發達國家和地區，幾乎都被來自中國北方草原捲起的「蒙古旋風」所征服。簡言之，馬成為蒙古族奪取世界的有力工具，他們的成功則又全賴於獨特的馬術——

初生馬駒，即誘之登山，以選拔良駒。

待長大，即騸[23]之。故蒙古馬闊壯而有力，柔順而無性，能耐風寒，耐苦不叫。

馬初生一二年，即進行長達三年的調教後再騎。其訓練方法是，以膝撐柱，令其左右；以身俯仰，令其前後；耳目震駭，使之不驚；策之險阻，使之不懼。因此，馬左旋右折，能與騎者意向一致。

平日，則恣其水草，不令騎動。待秋高後餵以少量水草，月餘，膘落而實，騎數百里，自然無汗，故可耐遠出戰。

假如使馬腰細，可教牠走出汗，再驅入冷水內，以便馳騁。

在馬的行走中，須掌握速度，緩急相繼，以定其氣。即使危急之中，也要用這個方法。

要馬吃得好，要入夜放牧。在行進中則不能讓馬吃水草，因這不能成膘而只能生病。一旦馳騾，一定不能讓馬吃飽，只有待氣息調平，四蹄冰冷，才可以縱馬恣食。

如狩獵、串包、練跑等，蒙古馬的調教均是讓其奔馳在廣闊草原上，這就養練了蒙古馬高速、敏捷、耐力強等特點。個頭矮小的蒙古馬因而形成了體質粗壯結實，身長，腿短，關節、肌腱發達等特徵。良馬的標準是：馬餵肥時能疾馳，肥瘦適中或瘦時也能疾馳。

為了使全族男女老少都能夠駕馭這樣的良馬，首領還做出「垂訓」：軍隊的將官們應當很好地教會兒子們騎馬。於是我們看到蒙人自幼進行馬術訓練的景象——

繩束以板，絡之馬上，隨母出入。三歲便從眾馳騁，四五歲便挾四弓矣。

待長大後，已經能馳馬疾如迅雷，用兩膝緊夾鞍橋，挽轡控馬，像引千鈞，即蹶不墜。更能手不持鞭，跂立不坐，左旋右折，身手運轉，輕靈若飛翼，長騎不疲。

即使少女、一般婦女，訓練得差不多也能和男子一樣敏捷地乘馬疾奔。由於馬術獨特，所以騎蒙古馬有一種排山倒海的氣勢。如岷峨山人《譯語》所稱：「如雲合電發，飆騰波流，馳突所至，日月為之奪明，丘陵為之搖震。」

元代以後的漢族政權，也把這種馬術保留下來。彭時《彭文憲公筆記》就記錄明代皇帝經常在「御苑」範圍內主持馬術表演：

> 其制一人騎馬執旗於前，二人馳馬繼出，呈藝於馬上，或上或下，或左或右，騰擲矯捷，人馬相得。如此者數百騎，後乃為胡服臂鷹走犬圍獵狀終場，豈金元遺俗歟？

這清楚地表明，北方民族馬術對漢族影響之大之深。入主中原的滿族，更念念不忘保持

23 騸：音同「善」，閹割。

北方民族的馬術。《欽定大清會典》就記錄了清宮「御前部隊」設立了專門習馬上技藝的「解馬營」，而且還「設承應技藝馬四十匹」，其目的無非是使北方民族的馬術繼承傳布下去。

在清朝初期，每逢上元燈節，都要在北京的西廠，舉行由八旗部隊表演的「騙馬諸戲」：

或一足立鞍鐙而馳者；或兩足立馬背而馳者；或扳馬鞍步行而並馬馳者；或兩人對面馳來，各在馬上騰身互換者；或甲騰出，乙在馬上戴甲於首而馳者，曲盡馬上之奇。

笑然〈圓明園遺聞〉還可佐證——

清代皇帝在每年的六月，在圓明園北垣外的安省御馬廄駝廠處，與近臣一道檢閱「試馬」，俗呼為「跑御馬」。判定騎士勝負不以速度，而是以「躍換」定高下，即每一人乘一馬，牽一馬，二馬馳至中道，以鞭擊所牽之馬，馬驚馳復乘而追之，追將及馬尾，縱身一躍，自己坐於牽馬上，奔馳如故，如此者受上賞。若二馬相並時而橫躍者，為中賞。不及或墜下者，得下賞。

清末畫家何元俊還就此情此景，作了一幅這樣的圖畫，刊登於《點石齋畫報》上，以記錄這清代馬術中的盛典，其意在宣揚清代重馬術的傳統。而早在乾隆時代，御用的西方畫家朗世寧，就曾完成過一幅描繪乾隆率領文武官員和杜爾伯特部上層人物，在避暑山莊觀看馬技表演的〈馬術圖〉：

一個個英武健壯的騎士，從叢集的馬術騎士隊伍中縱馬馳出，並在坐騎上表演各式頗具難度的驚險動作：一騎士在飛奔的白馬上，一手拿弓，一手握住飛箭。一騎士在飛奔的白馬上，手把鞍橋前的鐵圈倒立。一騎士在飛奔的白馬上，托舉起一名兩手揮舞小龍旗的騎士。一騎士在飛奔的白馬上，直挺挺站立著吹著笛子，神態悠閒……在這些馬術騎士的出發處，還有為數不少的騎士，按照順序，牽引駿馬，準備上鐙，躍躍欲試……

清代馬術盛典

乾隆之所以選擇了馬術表演給杜爾伯特首領看，就是想通過馬術喚起他們的親切感，因為在北方民族看來，馬術最能體現北方民族的精神。所以，在清代以前，遼國的畫家陳及之以唐太宗與突厥可汗和解為題，畫了一幅〈便橋會盟圖〉，主要的目的是濃墨重彩地刻畫北方民族高超的馬術：

茫茫原野上，十八位突厥裝束騎士，穿著短裙長裙，英姿勃勃，策騎疾進，整個隊形正由一字長蛇陣變成圓陣形，每位騎士都在飛速前行的馬背上表演著各種姿勢的馬技。

在畫幅中間，一男一女，相對立於馬背，在他們之間，滾跳著四個馬球，動態逼真。樂師們也站立在奔騰的馬背上演奏，吹笛者風度翩翩，拍板者與鼓師對面呼應，樂器伴和，姿勢飄逸。前面是兩位手執彩巾、舞態綽約的女騎手，站在馬背上如履平地，優美動人。接近圓陣旗幟之地，一人在馬鞍上起頂倒立，懸空的兩足上橫著一根木棍，其上還有一人據木起頂……

〈便橋會盟圖〉所表現的突厥馬術，顯示了北方民族馬術所具備的百戲技藝的一面，就像羅馬歷史學家馬西米那斯說匈奴人馬術之精，甚至可以蜷曲在狹小的馬頸上睡覺一樣。元代虞集就對人睡於馬上的馬術極為推崇，作過一首〈金馬圖〉詩（收在《虞學士集》中），歌詠這種高超的馬術。而且，北方民族馬術所蘊含的這種百戲技藝的一面，在兵戈止息的和平盛世，往往被發揚光大。

如明代劉侗、于奕正《帝京景物略》中的那種「人馬並而馳，忽躍而上，立焉，倒單焉，鬣懸，躍而左右焉，擲鞭忽下，拾而登焉，鐙而腹藏焉，鞦而尾贅焉，觀者岌岌，愁將落而踐也」的「走馬賣解」，在明代已經很普遍了。

大文豪徐渭觀看這種「走馬賣解」後，認為它源自北方民族，「故綴四律，首章用北語」。其實，這種「超騰隱現不離鞍」的馬術表演者是一位南方人，但於此卻反映出了北方民族馬術影響之深。

如果將視線再轉向元代，那更是另一番動人的風光了：

胡女牽來獰叱撥，輕身飛上電一抹。半兜玉鐙裏湘裙，不許春泥汙羅襪。

這是楊維楨的〈走馬〉詩。還有張憲的〈二月八日遊皇城西華門外觀嘉孥弟走馬歌〉：

生猿俊健雙臂長，左腳蹋鐙右蹴韁。銅鐃四扇繞十指，玉聲珠碎金琅璫。
黃蛇下飲電掣地，錦鷹打兔起復墜。神雲實兀鞍面空，銀甕駝囊兩邊綻。
西宮彩樓高插天，鳳凰繚繞排神仙。玉皇拍欄誤一笑，不覺四蹄如迸煙。
神駒長鳴背凝血，郎君轉面醉眼纈。

只擷取其中主要部分，就可知道元大都「走馬」水準之高了。張憲不僅是一名觀賞者，也是北方民族馬術的身體力行者。

宛平火主簿堂，來大都雙橋里訪問張憲，指其所乘騮馬問張憲能騎否，正值翰林承旨汪

〈便橋會盟圖〉局部

闊臺從騎三十餘人，自西往東，已過，張憲便執策就馬，足剛及鐙，馬便奮迅馳突入翰林隊裡了。群馬辟易在煙塵中，只聽得翰林們高喊：好馬！張憲南馳至雙橋，越塹而過，俯首就韁，韁剛及手，已馳過樞密院街。火主簿驚訝張憲久久不歸，便騎他馬來追……

張憲是一漢族儒生，還如此精熟元人的「走馬」之術，足見在當時的大都北方民族馬術比賽已成風氣。而在北方民族地區，這種馬術的舉行更是十分頻繁。〈一六一九年張誠神甫第三次去韃靼地區旅行〉中，就描述過這種馬術的精彩表演：

> 不扶韁繩向後仰騎，他們的整個身體和四肢，時而向右，時而向左，但從不落地，除了抓鬃毛之外也不抓馬。一個騎手在前面引導，他們在馬鞍上滾了幾次，兩腳向上倒立，而馬一直在奔跑。此後，他們倒著騎在馬脖子上，表演了其他非凡的技巧……

當然，百戲技藝並不意味著北方民族馬術的全部，北方民族馬術還包括其他方面，如「詐馬戲」等。所謂「詐馬戲」，也可稱為「套駒」。史學大師趙翼曾四次侍從乾隆觀看過這樣的馬術：

> 驅生駒之未羈靮者千百群，令善騎者持長竿，竿頭有繩作圈絡，突入駒隊中，駒方驚，而持竿者已繩繫駒首，舍己馬跨駒背以絡絡之，駒弗肯受，輒跳躍作人立，而騸騎者夾以兩足終不下，須臾已絡首而駒即貼伏矣。

趙翼還特意為此賦〈套駒〉詩：

> 竿頭有繩作圈套，可以絡馬使就牽。別乘一馬入其隊，兒駒見之欲驚潰。
> 一竿早繫駒首來，舍所乘馬跨其背。可憐此駒那肯摯，愕跳而起如人立。
> 如人直立人轉橫，人騸而騎勢其急。兩足夾無殳上鉤，一身簸若箕前粒。
> 握鬃伏鬣何晏然，銜勒早向駒口穿。才穿便覺氣降伏，弭貼隨人為轉旋。

這詩句，使這精絕的北方民族馬術凸現在讀者眼前。然而，統治者的意圖絕非單純欣賞馬術，而是將其政治意圖寄寓其中，趙翼在《簷曝雜記》中為這種蒙古馬術詮釋道：

以供睿賞者也。歲歲如此，不特上下情相浹，且馴而習之於驅策之中，意至深遠也。

北方民族馬術，化為統治者駕馭籠絡北方民族之術，這也算是北方民族馬術的另一面。

遼金食俗

燕疆不過古北闕，連山漸少多平田。奚人自作草屋住，契丹駢車依水泉。
橐駝羊馬散山谷，草枯水盡一時遷。……

這是北宋蘇轍出使遼國時所作的〈出山〉詩，映入這位詩人眼簾的是一幅多麼偏僻而又荒涼的景象！的確，極目遼代疆域，「地多山林，屋無瓦覆」，「時見畜牧，牛馬橐施，尤多青鹽、黃豕。亦有挈車帳，逐水草射獵，食止糜粥、粆糒」。這樣的生態環境，其物質產品水準可想而知，從遼國給宋朝進貢的禮品單中，便可略見一斑：

法漬法曲麵麴酒二十壺，密曬山果十束欞碗，蜜漬山果十束欞匣，烈士梨、柿梨四束欞，罐棒栗、松子、郁李、黑郁李、曲棗、欏梨、棠梨三十箱，麵粳糜梨粆十碗，蕪荑白鹽十碗，青鹽十碗，牛、羊、野豬、魚、鹿臘二十二箱。

從以上物品不難看出遼國的飲食生活狀況了。

難怪程大昌《演繁露》不厭其煩地記錄了遼主在冬春之際漁獵的情況：

在正月方凍之時，遼主先使人在達魯河上下十里間，以毛網截魚，使牠們不得散逸。又從而驅之，使魚集中到設在冰上的遼主與其母的帳篷前。因為在遼主下榻處預先開鑿了四個名為「冰眼」的冰竅，中眼透水，其餘三個「冰眼」不透水，只是透明的、薄薄的。之所以鑿成這樣，是因為魚雖然是水中之物，若是久憋冰中，一旦遇到出水處，它必然要伸首吐氣，所以透水的一眼便可以釣到魚，而薄的不透水的冰眼只是為了窺看魚是否到來。魚快要來時，在薄冰眼旁觀察者便報告遼主，遼主便將繩鉤擲入鑿透的冰眼中，瞬間，便可鉤中，一旦鉤中，便將繩子放鬆，讓它隨著魚去，過一會兒，魚便疲倦了，再拽繩將魚帶出「冰眼」，這就是得「頭魚」。頭魚得到，遼主便步出冰帳，到別的帳篷張宴作樂，名之為「頭魚宴」。

遼人的另一件大事就是打獵。葉隆禮《契丹國志》記：有時，遼主親率騎士，奔向湖泊邊敲打扁鼓邊圍繞湖泊轉，使棲息於此的野鴨、野鵝驚飛而起，再射牠們。待將野鴨、野鵝射殺後，便拔下羽毛插在身上，然後以鼓為座，開懷縱飲。有時又用銅或石為槌去擊兔子。秋天則穿著褐裘，呼鹿射之。在遼人心目中，這是最大的快樂。

遼人漁獵，史不絕書。他們常常野獵於山，獲獸數千，以充軍食。有時六百餘里且行且獵，以鮮肉為每日食物。他們有時鉤魚於河，有時捕鵝於湖，通宵達旦，野宴無度。為了實現擒獲鵞的目的，遼人選擇鵞之所聚地，在春天種稗子，用稗子來引誘鵞，倘發現肥鵞，就將牠捕來。有的遼主不管風雨暴至，驅人下湖捕鵝，頃刻舟覆，溺死者達六十餘人，這真是為了吃到鵝肉而毫不顧忌。遼穆宗就是因為畋獵無厭，使部下不堪忍受，於獲鵝水畔被隨侍的庖人辛古等殺死。

可是，漁獵並未因此而中斷，對遼人來說「彎弓射獵本天性」。「頭魚宴」、「頭鵝宴」作為「虜中盛禮」傳沿下來，並給金人以影響。遼國天祚皇帝到混同江鈎魚，千里之內的「女直酋長」都紛紛趕來朝拜，在「頭魚宴」酒酣耳熱之時起舞助興。

金人和遼人一樣，四時漁獵，已成習俗。究其原因，如清代李有棠所說：自過濱、辰州，東京以北，絕少麥麵。每晨及夕，各以射到的禽獸當飯。尤其在冬天，金主狩獵的地方，都是隨駕親軍密布四周，名之曰「圍場」。待狐兔豬鹿散走於「圍場」中央時，金主先射箭，或者放出鷹隼去追擊，追出「圍場」的狐兔豬鹿，才允許其他人捕獲。這種打獵，一出就是滿月，流動性大，宿處無定，飲食也就隨處而進了。這真是：

春粱煮雪安得飽？擊兔射鹿誇強雄。禮成即日卷廬帳，釣魚射鵝滄海東。

雖然這是蘇轍對遼國飲食生活習俗的描寫，但它何嘗不是金人飲食生活習俗的寫照？沙漠野地，山林湖河，決定了遼金人民飲食生活所能夠達到的程度。但是，不能因此說他們的飲食生活一無所取，遼金人民藉大自然之靈秀，仍然創造出了獨具特色的飲食生活習俗。《大金國志》記：金代遍地生長白芍藥花，好事之家將它採來，用麵粉煎好，作為款待賓客的素菜。因為這種白芍藥味道脆美，而且可以久貯，金人十分珍惜，把它作為「異品」，只有在尊貴的友朋到來之際，才切上「數絲」放入碟中，平常是不隨便擺設的。

這就如同劉續《霏雪錄》所說的「黃鼠」一樣，「怪為玉食之獻，置官守其處，人不得擅取也」。其實，北方的大漠廣野，是宜於黃鼠這類穴居動物繁衍生息的，牠「畜豆穀於其地以為食用」，形類大鼠，肉極肥腯，味道像小豬仔，但又比小豬仔肉脆。而牠之所以成為饋贈貴賓或向宋朝進貢的「珍味」，在某種程度上如王辟之《澠水燕談錄》所記，是和遼金人民將黃鼠捉到，「常以羊乳飼之」有關。

但從一個民族的整體飲食水準觀察，遼金的飲食水準還是粗劣的。就以他們須臾不可離開的肉食而言，「炙股烹蒲，以餘肉和綦菜，搗臼中糜爛而進，率以為常」。即使是給有身分的人吃的肉粥，也是「以肉並米合煮之」，「皆肉糜」。平日所吃的半生米飯，竟要「漬以生狗血及蒜」。在通常認為的「以燕粉為貴」的盛饌之席上，也「多以生蔥蒜韭之屬置於上」。正因如此，在為宋君王上壽時，各國使節諸卿面前都「分列環餅、油餅、棗塔為看盤，次列果子」，唯獨遼國使節面前加「獨羊雞鵝連骨熟肉為看盤，皆以小繩束之，又生蔥韭蒜醋各一碟」。這顯然是宋朝出於對遼民族飲食生活習俗的尊重。

遼國在對待宋朝使節上卻呈現出另一番模樣。朱彧《萍洲可談》說遼人對宋朝使節每天供給一碗乳粥，因為乳粥在遼國是非常珍貴的食品。但是遼人在乳粥中卻「沃以生油」，這使宋使無法下嚥。宋使節便向他們提出「去油」的意見，遼人也置之不理，直到宋使提出用別的器皿貯生油，以便自己喝乳粥時自用，遼人才點頭應允。在遼人看來，生油是最佳的大補之物，甚至遼皇后生小孩時還要讓她「服調酥杏油半盞」。

遼金宴飲圖

可見遼民族認為好的食品，宋朝人不一定能接受。徽、欽二帝被囚於金國時，恰逢金帝生日，金人將金帝所賜酒食給他們吃，結果他們吃完，全部嘔吐乾淨。過後他們才知道這是

「蜜漬羊腸」，即摻著馬腸子煮熟的一種食物，是一般囚禁者吃不到的，乃是金國的「珍味」。可這樣的食品和中原地區所流行的炒爆溜蒸、燉鮓滷炙等烹調風味相去甚遠，更和那高雅清淡、新奇滋補等色香味形器俱佳的宮廷食膳有天壤之別，這怎麼能不引起宋人「腥膻酸薄不可食」的感慨？

遼金也意識到了自己飲食方式落後這一點，他們竭力向中原飲食文化學習。如遼金在度過歲時節令時，就帶有很大的漢化痕跡，但在飲食習俗上卻依然故我，自成一體。如九月九日的重陽節，漢俗在這一天往往是登高宴聚，喝菊花酒，或以糕搭在兒童頭上，以求「百事皆高」。遼人亦步亦趨，他們也是在高處設立帳篷，飲菊花酒，可前提條件卻是舉行「打圍鬥射虎」，以打得少的為負——輸「重九一筵席」。

而筵席之物無非是拿出兔子的肝生切，用鹿舌醬拌著吃。遼人倒不是不希望吃到比這更好吃的肉，而是缺少好吃的，他們特別羨慕中原的豬肉，所以遼朝使者每年必向宋朝索要豬肉，或者「胃臟之屬」。據韓元吉《桐陰舊話》，甚至宋朝境內的驛司馳騎，都為此而拚命徵集，無日不加「棰楚[24]」。

如果說這是遼人出於滿足口腹欲，不如說這是遼人仰慕中原飲食文化的一個具體例證。遼民族中的釣魚之所以成為「盛禮」，其本意不也是模仿中原皇帝常常舉行的賞花釣魚設宴群臣的飲食習俗嗎？陸游《家世舊聞》記先祖陸佃在出使遼國時，因見服侍他的一個小僕役執事甚謹，便將吃不了的石榴送給了他，而這小僕役卻捨不得吃，要留著帶給父母吃。

中原的一個小小的石榴，也會使遼人奉之若佳品，那茶葉，則更是求之若渴了。張舜民《畫墁錄》說宋朝有一貴公子出使遼國，帶了許多「團茶」，因為在遼國，用兩個「團茶」就可以換來兩匹「番羅」。「解渴不須調乳酪，冰甌剛進小團茶」，清人陸長春對遼代飲茶生活的吟詠絕非空穴來風，是有充分事實根據的。

隨著茶葉的交易，「茶食」也深入遼金民族的日常生活中。金人在人生重大的婚姻典禮中，都以擺上「茶食」為正規。而所謂「茶食」，只不過是先進一種像漢民族常食用的「寒具」，即炸麻花之類的大軟脂、小軟脂的食物，次進一盤「蜜糕」。只有待整個宴會結束，對待來參加婚禮的上客，才端上「建茗」。茶葉成了只有富者才能「啜之」的飲料，而「粗者」只能喝乳酪。

隨著宋朝與遼金的頻繁交往，遼金也逐漸學會了宋朝的一套「茶食」方式。在宋朝使節來到金國時，金人就以「先湯後茶」接待，這一待客方式頗具漢家風範。安置好宿處，金人

24棰楚：一種用木杖鞭打的古代刑罰。

又在晚食時，「先設茶筵」。「茶筵」由瓦壟、桂皮、雞腸、銀鋌、餅餌等小食品構成。其中，有一種用蜜和麵、油煎成，取其形似喚作「西施舌」的茶點最受金人的厚愛。毫無疑問，這種宛如人舌，吃來柔軟的茶點取於中原，這真是以漢族之食再還於漢族。

「茶筵」到此並不算結束，金人再供應饅頭、血羹、畢羅、肚羹、湯羊餅、子解粥肉齏、索麵骨頭盤子……早晨供應的點心則又翻出新花樣：灌肺、油餅、棗糕、麵粥……這已經與中原的飲食相差無幾了。灌肺、油餅、棗糕均是兩宋時期都市裡的大眾食品。在東京，「灌肺」是作為天曉入市的諸人的「早點」隨處叫賣的。到了臨安，「湧金門灌肺」則成了著名市食。東京、臨安，專營「油餅」的食店，比比皆是。棗糕是普通市民逗小孩玩耍時的小食品。

即使遼金開始了「城郭以居」的生活，遼金的待客方式一時仍難擺脫「虜食」風味。宋使路振去遼國時，遼國待之以上賓，並由駙馬都尉蘭陵郡王肖寧侑宴，江少虞《宋朝事實類苑》記其場面是：

> 先薦駱糜，用杓而啖焉。熊肪羊豚雉兔之肉為濡肉，牛鹿雁鶩熊貉之肉為臘肉，割之令方正，雜置大盤中。二胡衣鮮潔衣，持帨巾，執刀匕，偏割豬肉，以啖漢使。

這種用匕首入口的進食方式，不由讓人想起宋人為遼人所作的「沿邊壯士生食肉」的詩句來，但它較之生吞活剝已前進了一大步。

中期的遼國已陸續建築起了上、東、南、西、中五大京都，蘇頌出奚山路，入中京界時，就看見道旁店舍頗多，人物亦眾，而且食邸門前掛著木刻朱旗，這使蘇頌欣喜地吟詠出了「朱極刻旗村肆食」、「物俗依稀亦慕華」的句子。遼民族就是如此積極地向中原飲食文化看齊。

實際上，早在西元九四三年，遼太宗就遣使入貢於南唐，持羊三萬口、馬二百匹來賣。其目的之一是換得錢，來買最能代表漢民族飲食文化水準的「茶藥」。為了達到獲得中原飲食文明這一目的，遼金民族是不惜一切代價的，有時竟借戰亂而強奪。靖康元年（一一二六年），金人在攻打宋朝首都之際，就向宋政府「索酒匠五十人，酒三千瓶」。後來的周輝出使金國，所飲的味道頗佳名為「金瀾」的酒，雖說是用金國境內的金瀾水釀成，但不能不說這和漢民族輸出的酒及酒匠有關，因為在金代相當長的一段歷史上，只有過「多釀糜為酒」的記載。

當然，大量的飲食雜物，還是通過正常的貿易管道所獲得。遼金專門設立了物品「互市」的「榷場」，從《金史》中「泗州場歲供」的物品中就可見到這種跡象：

新茶千胯，荔支五百斤，圓眼五百斤，金橘六千斤，橄欖五百斤，芭蕉乾三百個，蘇木千斤，溫柑七千個，橘子八千個，沙糖三百斤，生薑六百斤，梔子九十稱……

正是由於有了這樣廣泛的飲食交易，遼金民族啖生喝血的飲食結構才得以改變。《遼史》記載：降黜的遼王公扈從中，也出現了「庖丁七人、釀酒司三人」。金主款待「夏使」，也擺出了一副飲食大國的架勢，有「食官、監廚、稱肉官各一」，「尚食局直長、湯藥直長各一，廚子五，奉飲直長一，過食司吏八十，街市廚子四十」。這些現象絕非孤立，乃是一個民族整體飲食水準的反映，倘若沒有眾多的山珍，何必設那麼多廚人庖丁？若沒有佳美的酒食，怎麼能有奉飲直長、過食司吏等官職？

儘管這些都帶有皇家色調，可這畢竟與遼金民族前期的「人仰湩乳」、「漁獵給生」的格局不同。毋庸置疑，在遼金民族後期，一個具有漢化傾向的飲食體系正逐步形成。南宋洪皓在滯留金國期間所記金主供給南宋使者的食品，就給我們留下了一系列雄辯的證物：

日給細酒二十量，罐羊肉八斤，果子口五百，雜使錢五百，白麵三斤，油半斤，醋二升，鹽半斤，粉一斤，細白菜三升，麵醬半斤，大柴三束。

以上「日給」，幾乎囊括了自宋元以來人們所津津樂道的人生七椿大事——柴、米、油、鹽、醬、醋、茶，它標誌著全新飲食生活的光芒已經普照到了遼金民族。

同時，飲食習俗的變化也是和城市的繁榮密不可分的，只有商品經濟發展的果實——城市的壯大，才使享廚爨[25]以摒毛血成為現實。《乘軺錄》記遼代的幽州城中就有二十六場，「列肆者百室」。南京則城北有市場，陸海貨物，聚於其中。「膏腴、蔬蓏、果實、稻粱之類，靡不畢出，而桑、柘、麻、麥、羊、豕、雉、兔，不問可知。」這裡既有遼國的物產，也有來自中原的物產，兩水交流，匯成了一條五彩斑斕的飲食長河。

金代的飲食市場更加宏麗，宋話本〈楊思溫燕山逢故人〉描寫燕山市內的「秦樓」，其廣大，「便似東京的樊樓一般，樓上有六十個閣兒，下面散鋪七八十副桌凳」。這等規模的酒樓，足

25 爨：音同「竄」，以火燒煮食物。

宴飲圖

以表明金代燕山飲食市場消費能量之大，它至少可以和北宋最負盛名的東京樊樓相媲美了。山西五臺山北麓繁峙縣金代正隆三年（一一五八年）所繪的壁畫，還可以使我們知道：金代的食肆酒樓是非常發達的，樓閣的宏偉，各式食販的忙碌，歌姬舞女表演的繁忙，絲毫不遜色於繁榮的中原。

但並不能因此說，只有宋代給遼金以影響，遼金對宋代就沒有影響和貢獻了。從遼開始，就有好食物傳入中原，填補了中原飲食的空白。僅以水果而言，在遼代之前，中原是沒有西瓜的。遼國興起之後，據說契丹破回紇時得到一種水果種子，契丹用牛糞覆蓋而加以栽培，培育出來的西瓜，其大如中原的冬瓜，而味道甘甜，可以生食，這就是西瓜。也許是地理位置相近的緣故，金代也有人專門種植西瓜，元好問《續夷堅志》所記臨晉一農家可為代表，他種了「一窠西瓜」，達「一千二三百顆」。隨著貿易的發展，西瓜也傳入了漢族居住的地區。在臨安街頭，「西瓜仁」作為一種大眾小吃出售，這顯然是遼金西瓜的流韻。

還有趙州的瓜，瓜以小為貴，味甜肉脆。每有漢使來到，金人便用盒裝滿趙州瓜送到漢使住的門前，任取以食。周輝《清波別志》記他在北征時曾帶了幾個趙州瓜回來，贈給了李太。李太素善做醬，因此學會了「漬瓜法」，金人是非常欣賞李太的這一「趙州漬瓜法」的，認為它和金國風味「逼真」，所以，李太老了便辭職專靠出售「趙州漬瓜」為生。紹興辛巳，宋高宗趙構駕幸江上，經過無錫，小太監到市場買到了「趙州漬瓜」，獻給了趙構。趙構吃後異常滿意，屢屢宣索，有時竟「嘗呼喚至夜」。

至於其他食物，如乳酪這一遼金的特色食品，也進入了北宋的都城。「烹乳酪之珍饈」，此話不錯，乳酪獨特的風味受到了廣大市民的歡迎。東京城裡，「乳酪張家」就是專門經營乳酪而成名的，尤其清明時節，紛紛奔向郊外上墳的人們，把乳酪當成了「節食」。南渡以後，乳酪又在南宋都城臨安，成了市民每日不可或缺的食品之一。正是由於人們非常嚮往乳酪，飲食商販便開始動腦筋，將乳酪獨有的風味加以變化，做成「酪麵」，像臨安著名的市食「酪麵」便是。在臨安賣「酪麵」的，只後市街賀家一份，而且價錢十分昂貴，「每個五百貫」。但由於「此北食也」，臨安市民買物有一癖好，多趨有名之家，競相爭買這「賀四酪麵」，用兩個油餅夾著吃。因為它是從東京流化來的食品，宋高宗趙構也經常品嘗，並念賀家是東京來的市民，予以厚賞。乳酪為「北食」爭得了一席之地，人們似乎從乳酪認識到「北食」的可愛與可貴。

在臨安，「北食店」又喚作「羊飯店」，且有重、輕，即「速飽」與「欲遲」之分，重者如大骨飯、軟羊，輕者如托胎、奶房之類。別的食物亦以其獨有的風味，進入飲食的史冊，如白羊髓餅、艾糕、大黃湯等。典籍《居家必用事類全集》專辟「女直食品」一欄，記錄了

「廝剌葵菜冷羹」、「蒸羊眉突」、「塔不剌鴨子」、「野雞撒孫」、「柿糕」、「高麗栗糕」等，雖談不上洋洋大觀，但它既有冷盤，又有熱蒸，烹調技法，樣樣俱全。它們和其他「北食」作為永不凋謝的飲食之花，在中華民族的飲食大花圃中散發著迷人的馨香。

速食

古代中國的速食，可以理解為兩個層面的意思。一是頃刻間馬上就可以吃的食物菜肴，如隋朝煬帝時尚食直長謝諷《食經》中的「急成小」，它是專為滿足一時口腹之欲的少數人而做的，以體現烹調技術為目的。

速食的另一個意思是指已形成規模的飲食行業，將原料製配成大批量的食饌，以滿足源源不斷的大眾需要的一種餐飲方式。如唐德宗時長安兩市有禮席，三四百人的飲食「常可立辦」，這是很典型的速食了。

筆者認為，走到這一步，至少需要具備這樣三個基本條件：

一是專以快捷為主的「速食」在飲食行業中獨立出來，廚師的刀工尤需出色；

二是各種方便食品花樣繁多，製作技術精湛；

三是烹飪炊具、燃料日趨先進。

構成「速食」的這三個基本條件，在唐代的某些地方就已經有這方面的苗頭了，如《太

平廣記》說長安有不少「沽漿賣餅之家」，這可以理解成小「速食」店，還有推車出賣蒸餅、賣䭔的、粥餅餺飥店、畢羅店，凌晨，城市裡門未開，已有賣餅糕的了……這都是名副其實的為生活忙碌的人們製作的「速食」。這種現象在宋代尤為突出。只要翻開洪邁的《夷堅志》，隨處都可見到形形色色的市民，在商品大潮湧來的時候，紛紛選擇飲食服務的職業為賺錢的捷徑，如有賣餅餌蓼糤的，賣蒸芋的，賣粥的，賣胡餅的，賣豬羊血羹的，還有賣專育鰍鱔於甕器中，旋殺旋烹的魚飯速食的……

與星羅棋布的「草市」同步的是市民開設的、為適應匆匆忙忙、經商外出之人需求的、本小利微的許多「食店」。《水滸傳》第五十三回有這樣一個場面可以佐證：李逵在薊州趕路，見路旁有一麵店，「裡面都坐滿了，沒有一個空處」，李逵入座，一次要了六碗「壯麵」。可由於店夥計上麵「都搬入裡面去了」，未及時給李逵，李逵便焦躁得罵了起來。

這正是宋代飲食小店即速食店的真實寫照。在這方面，以東京食店開辦得最有成效，這是由於東京商販和手工業者頗多，這些人為追逐利潤，生活節奏特快，「往往只於市店旋買飲食，不置家蔬」。所以，食店為適應這些人的需要，突出的是一個「快」字。

食店常備百味羹、頭羹、新法鵪子羹、三脆羹、二色腰子、蝦蕈、雞蕈、渾炮羹、旋粉玉索棋子群仙羹、假河魨、白渫薺、貨鱖魚、假元魚、肉醋托胎襯腸、紫蘇魚等，都可以索喚，沒有一味有缺的。假如不喜歡這些菜肴，店家也可以按食客的要求去做，而且是「即時供應」！看來李逵因店夥計供麵不及時而發脾氣，是情有可原的。

南宋臨安的這種「速食店」，據《夢粱錄》稱：「凡點索茶食，大要及時。」據筆者統計這類可「及時」就餐的食物，其中有羹，如三軟羹、群鮮羹等；有粉，如梅血細粉、雜合粉等；有魚，如鮮魚膾、臊子沙魚絲兒；有雞，如脯小雞、五味炙小雞；有鶉，如筍焙鶉子、蜜炙鶉子；有野味，如清供野味、辣熬野味；有蟹，如橙釀蟹、酒潑蟹……

這些均可隨時索喚，廚師應手供造品嘗，不致缺少的菜肴，就達二百四十餘種，如包括那些托盤擔架到食店叫賣的「速食菜肴」，品種就更多了。食品中，花樣最多的屬麵食，麵食中最多的「速食」要屬麵條，主要有：

豬羊閹生麵、雞絲麵、三鮮麵、魚桐皮麵、鹽煎麵、筍潑肉麵、炒雞麵、大熬麵、子料澆蝦臊麵、銀絲冷淘、筍臊淘、雞絲淘、耍魚麵、熟筍肉淘麵……

麵條還有專業店，如專賣素麵的：大片鋪羊麵、三鮮麵、炒鱔麵、卷魚麵、筍辣麵、乳麵、筍麵、筍菜淘麵、七寶棋子、百花棋子等麵。更有專賣血臟、肉菜麵、筍淘麵、素骨頭麵等「速食麵」的。

麵條之所以這樣多，就是因為它薄，易熟，再加以預先做好的各樣「澆頭」，當然是較

為理想的「速食」了。而且，這類「速食」，準備起來也十分迅速，其氣氛也是極快的：如各桌顧客所要不同飯菜，或熱，或冷，或溫，或絕冷，精澆粗澆，告訴跑堂者，跑堂者盡隨客便，捷走至廚灶前，從頭唱念，報與當案師傅。片刻，飯菜做好，又由跑堂者托盤端出，從頭散下，無不合諸位顧客的口味。

《都城紀勝》針對「點索食次，大要及時」這一趨勢，還提出吃米飯的方法：如欲速飽，要前重後輕。就是先上「重」的，如頭羹、石髓飯、大骨飯、泡飯、軟羊、淅米飯等；後上「輕」的，如托胎、奶房、肚尖、肚胘、腰子之類的煎炒小菜。重輕合理搭配，使人吃起來有序而又感到很快。

還有供應市民四時點心的「葷素從食店」，它的宗旨也是「任便索喚，不誤主顧」。點心做得十分精美，各式饅頭、餅、小食品、糕、裹蒸米食、炙鴨熟食應有盡有，達百餘種。像其中「熬肉」的吃法，在宋話本〈宋四公大鬧禁魂張〉中有所描寫：

> 解開熬肉裹兒，擘開一個蒸餅，把四五塊肥底熬肉多蘸些椒鹽，卷做一卷，嚼得兩口。

可見熬肉是一種無鹽熟肉，可合蒸餅吃。在南宋，熬肉各處均有賣，宋四公就是在旅途中的謨縣買的。這種專為旅行、有急事的人而製作的方便快食，正如《夢粱錄》所概括的那樣，「可以應倉猝之需」。

方便快食是很受大眾歡迎的。南宋淳祐辛亥十一年（一二五一年），平江府昆山縣就製作了一種「細僅一分，其薄如紙」的「藥棋麵」。這種乾麵條，耐保存，易攜帶，可以運到遠方，臨安的官僚、平民均非常喜歡食用。這也是元忽思慧《飲膳正要》中所提到的「掛麵」的先聲。

一滴水可以反映出太陽的光輝，宋代的「速食」以其優良的服務品質、適口的味道，領導了當時飲食行業的新潮流，以致在范祖述《杭俗遺風》所描寫的清代杭州「速食」中，仍然可以找到宋代「速食」的影子。「速食」已在古代飲食行業中形成了獨秀的一枝，原因固然是多方面的，但與「速食」主要由方便食品構成，以及廚師的刀工精細是分不開的。

《點石齋畫報·庖丁絕技》

只有輕捷如飛、疾若電閃、割纖析微、分毫不差的刀工，才能使動物、植物原料，變化成為易於製作的形狀，在短暫的時間內投入烹調。就像清代的山東廚師胡某，以人背為案，置

一二斤生豬肉，揮刀砍剁，觀者方驚訝失色，肉醬已成。破額山人《夜航船》中也寫到一剁肉者，將去皮骨的十斤豬肉，安放在一兒童背上，用兩把快斧，僅一盞茶工夫，便把肉剁得稀爛！而兒童背上不見纖痕。

類似這樣的「快刀」，在古代中國雖不多見，但「快刀」的精髓卻由來已久。如漢代桓彬《七設》寫道：「三牲之供，鯉魴之膾，飛刀徽整，疊似蜹羽。」唐代專論刀工的《砍膾書》，其中就有「小晃白」、「大晃白」、「舞梨花」、「柳葉縷」、「對翻蛺蝶」、「千丈線」等名，大都是用來形容快刀運勢與所切肉菜細薄的情景。至清代，李光庭《鄉言解頤》還使人看到：河北林亭有紅、白事家，日至數十席，唯王姓廚父子兄弟三四人，通力合作，綽有餘裕。其時席面用四個大碗、四個七寸盤、四個中碗，四大八小，所用的雞豬魚蔬，必整必熟，沒有生吞活剝的毛病，真是置辦速食的能手。

還有一位叫林功臣的廚師，能製非常清潔的宴席，而且更快。有想吃多達數十種及至百種的「全羊席」者，羊還未殺，而客想登席，他慢應著說：只管請入座。他先用燒尾、焰腰、泡肚之類下酒，漸次烹煮，一會兒就把「全羊席」上來了……

正是這樣的「快刀」，為「速食」的形成奠定了雄厚的基礎。而奠定「速食」另一基礎的則是方便食品與菜肴製作技術的日益繁多與精湛。它的主要表現是：

自宋以來，發酵技術在麵團製作中已廣泛使用，油酥麵團製法日趨成熟，餡心食品變化多樣。如元代可快吃可攜帶的「乾麵食品」，其餡心就含有各種動物、植物原料，甜、鹹、酸、辣口味均有，且品種很多，僅「羊肚餡」一種就可製出十種饅頭。

明清時期，方便食品愈來愈多，並成系列。主要的如清代《調鼎集》總結的那樣，有麵條、餅、酥油麵食品、發麵食品、饃饃、餛飩、麵捲、粳糯粉食、米粉糕、粉餅、粉餃、餑餑等一百六十餘種。如有一種白粉浸透，製成小片，入脂油炸，起鍋時加洋糖摻，色白如霜的「風枵」，入口而化，真是製作極快的美味了。

這些「速食」食品，在明清飲食市場上是頗為流行的，以致吃「速食」成為一種時尚，所以才有了清代閒園鞠農《燕市貨聲》對「速食」飲食的歸納和介紹：

香蕈蘑菇餡的素包子、紅白蜂糕、棗窩窩、愛窩窩、江米年糕、甜漿粥、油炸果、烘餅、玉面饅頭、糖雜麵、江米果餡甑兒糕、三角兒炸焦、排插糖麻花、馬鞍燒餅、油炸糕、糖耳朵、蜜麻花、乾糖麻花、現定現蒸的燙麵餃、甜酸豆汁兒、桂花缸烙、大薄脆、豌豆黃、黃米麵煎糕、豆麵糕、糖餑餑、澄沙餑餑、涼鏇粉、煎餅大油炸鬼、白糖兒饅頭、穗子油韭菜餡包子、花椒鹽的蒸餅、棗兒澄沙的蒸餅、又加玫瑰又加糖的酸梅湯、涼炒麵、雪花的酪、年糕、豆糝糕、麵茶、江米的熱年糕、杏仁茶、硬麵餑餑、油酥燒餅、馬蹄燒餅、黃麵火燒、

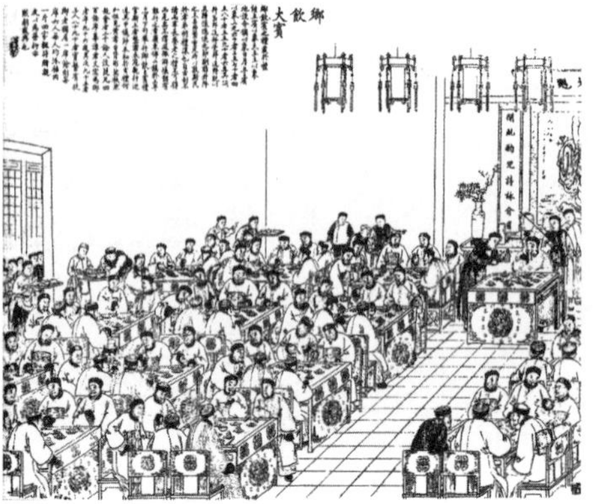

清吳友如繪《古今談叢圖・鄉飲大賓》

小米麵火燒、大塊切糕、黃米的年糕、小炸食、焦炸糕、千層餅兒饅頭、羊肉餡包子……

如此豐富的「速食」品種，使人不難感受到市民大眾對「速食」的喜歡程度之深。面對「速食」食品咄咄逼人的勢頭，菜肴的速食化也不甘落後，許多快速炒菜技法應運而生，明清之際出現的「爆炒」，就是其中的代表。如明代高濂〈飲饌服食箋〉、清代朱彝尊《食憲鴻祕》中所介紹的「爆炒腰子」，其法是：

將切好的原料，投入旺火滾油鍋中，迅捷短炒，烹製成菜，即所謂「入油鍋爆炒」，「一烹即起」。這種緊湊、急速的炒法，帶動了「速食」菜肴的發展，繼之，又有水爆、生爆、熟爆……明清的「速食」菜肴已如花團錦簇，爭芳鬥豔。像《成都通覽》所記清代成都的南館，已達到了只要客人進館，所需菜肴「咄嗟可辦」的程度，其快炒菜肴技法於此可見一斑。「速食」形成的另一基本條件是製作「速食」的先進器具不斷湧現，像煎盤、、烤爐、製油酥點心的模型，可壓細條有漏孔的「木床」……尤其是宋代，已出現了岳珂《程史》所記的「燎爐」：在小火爐外鑲木架，可自由移動，不用人力吹火，爐門拔風，燃燒充分，火力很旺，清潔無煙，安全防火，且節約時間、人力和燃料，長久耐燃，又易於控制火候，它是古代烹飪炊具的一大改進。河南省洛陽市偃師區出土的宋代婦女切膾畫像磚上，就有這樣一架「燎爐」，足見其普及範圍之廣。

推究燎爐風行的根源，也是由於宋代普遍採用了耐燃煤炭的緣故。莊季裕《雞肋編》說東京數百萬人家，都是依靠煤炭，沒有一家燒柴的。又據《宋會要》等記載，煤在全國範圍內已經被普遍使用。這無疑為「速食」的出現，提供了堅實的物質基礎，否則古代中國飲食行業中普遍的、大眾化的「速食」可能還要推遲若干時間才會出現。

唐宋文身

一九九一年，筆者收到日本千葉工業大學中國史教授安野省三所贈的數篇學術論文。其中有一篇〈中國的異端．無賴〉，文中考證說：

「文身」作為「黥刑」起於周代，在前漢文帝時代廢止。魏晉南北朝又復活，唐朝的法律上未見到。五代後晉天福三年，「文身」作為向邊境發配的犯人臉上用墨汁刺字的新奇刑罰又被設立。從此以後至宋元明清的一千多年中，「文身」一直存在。

文中，安野先生還舉了南宋莊季裕《雞肋編》所記張俊一軍，「擇卒之少壯長大者，自臀而下文刺至足，謂之『花腿』，京師舊日浮浪輩以此為誇」這條史料，以此來表明「文身」為宋代無賴之習俗。

這一觀點勾起了我的思索：「文身」考證的線索是大致不差的，但是將「文身」完全歸之於無賴所好則不夠全面了。因為，在宋代有許多志士為了表示自己的某種信念，也曾「文身」。名將岳飛，他的背上就刺有「精忠報國」四個大字，深入肌理。馬步軍副都頭呼延贊自言受國恩，誓不與契丹同生，「文其體為『赤心殺契丹』，至於妻子、僕使，同爨皆然」。這都反映了「文身」已不限於無賴。

不可否認，「文身」確為不法之徒的標示。宋代話本〈萬秀娘仇報山亭兒〉裡的強賊就是如此：

> 看這個人，兜腮卷口，面上刺著六個大字。這漢不知怎地，人都叫他作大字焦吉。大官人乘著酒興，就身上指出一件物事來道：「我是襄陽府上一個好漢，不認得時，我說與你道，教你：頂門上走了三魂，腳板下蕩散七魄。」掀起兩隻腿上間朱刺著的文字，道：「這個便是我姓名……」

這種「文身」現象並非「飛來峰」，而是有其淵源的。首先它是唐代軍閥們重開「文身」之法以示刑罰的老調重彈——後梁的朱全忠，因部下竄匿不止，州郡疲於追捕，遂「下令文面健兒，文面自此始也」。別鎮軍閥，相繼仿效。幽州的劉仁恭，「部內男子無貴賤，並黥其面，文曰『定霸州』；士人黥其臂，文曰『一心事主』。由是燕薊人民，例多鯨涅，或伏竄而免」。山南東道節度使安從進、左襄陽竟糾集商旅庶民，都予以「文身」充軍。

由於「文身」含有嚴懲不貸、誓死血戰的意義，自然易被好勇鬥狠之人所接受。自唐代起此類事件就不絕於史書。如唐代上都街肆的惡少年，「率髡而膚札，備眾物形狀，恃諸軍張拳強劫，至有以蛇集酒家，捉羊胛擊人者」。其中有一喚張干者，在左膊刺上「生不怕京兆尹」，在右膊刺上「死不畏閻羅王」。而宋代饒州的居民朱三，自恃臂股胸背皆刺文繡，每年郡人祭神，他必攘袂在迎神的七聖襖隊中為領頭，還常以「無奈我何」自居，橫行無忌。

對於這樣的「文身」作亂者，唐宋政府採取嚴厲鎮壓措施。唐會昌年間，薛元賞出任長安行政長官，當時，「都市多俠少年，以黛墨膚，誇詭力，剽奪坊閭」。薛元賞下令捕捉，並當眾杖死三十餘人，以致嚇得其他「文身」者，「爭以火滅其文」。宋政府對處罰「文身」態度也是很積極、堅決的，凡檢舉「文身」者，「給賞錢一百貫」。

然而，「文身」畢竟自周代起即是華東、東北等地區部族的風俗習慣，「東方四夷，被髮文身」，其中，越地最為普遍，連越王勾踐，也剪髮文身。「宋人資章甫適諸越，越人短髮文身，無所用之。」即使到了安野先生所認為的「文身」為無賴青睞的宋代，這種現象仍延續著。

現僅以宋代海南黎族婦女「文身」為例：海南的黎族女子是以「繡面」為飾的。這是因為黎女美麗，一向「為外人所竊」，所以有氣節的黎女，便用「繡面」礪俗。宋代的黎女「繡面」，就好像當時中原地區女子的「上笄」一樣：

> 女年及笄，置酒會親舊女伴。自施針筆，為極細花卉飛蛾之形，絢之以遍地淡粟紋，有皙白而繡文翠青，花紋曉了，工致極佳者。

范成大的《桂海虞衡志》、樂史的《太平寰宇記》、鄭樵的《通志略》等典籍，也有與此幾乎相同的記述。應該說，黎族女子「文身」的風習，對宋代以漢族為主的地區也有所影響。

當然，早在唐代的「文身」刑罰中，就已經開始了將「文身」轉向美飾的變化。《畫墁錄》曾云：周太祖郭威，「微時，與馮暉同里閈，相善也。推理無賴，靡所不至。既而各竄赤籍，一日有道士見之，問其能，曰：吾業雕刺。二人同令刺之。郭于項右作雀，左作穀粟；馮以臍作甕，中作雁數隻」。這段史事在《五代周史平話》中則演變為：少年郭威，因用石子驅趕偷吃穀粟的麻雀，誤傷鄰家孩兒，使其氣絕。到了官府，量郭威十一歲難以加刑，便「喚針筆匠就面頰左邊刺個雀兒」，以讓郭威記取所犯事由。

這一史實表明，唐五代已出現專門雕刺「文身」的職業匠人，以及專在官府、行伍供職，

只雕刺犯人和士兵的「針筆匠」。又如反映宋代生活的《水滸傳》第七回、第八回、第十二回等章回中，出現了為衙門所僱喚，給罪犯面頰身上「刺字」的「文墨匠人」。

專門雕刺的職業「文筆匠」，是憑手藝掙錢過活的，是很講究技術的。唐五代時的「劉知遠出去將錢僱請針筆匠文身，左手刺個仙女，右手刺一條搶寶青龍，背脊上刺一個『關天夜叉』」。這明顯不同於只作標記的「刺字」水準，而帶有美飾意味。如《水滸傳》第二回，史太公請了一位「高手匠人」，在史進全身刺了共有九條龍的「花繡」。又第六十一回，盧俊義見燕青「一身雪練也似白肉」，便也請了一位「高手匠人」，給燕青刺了「遍體花繡」。

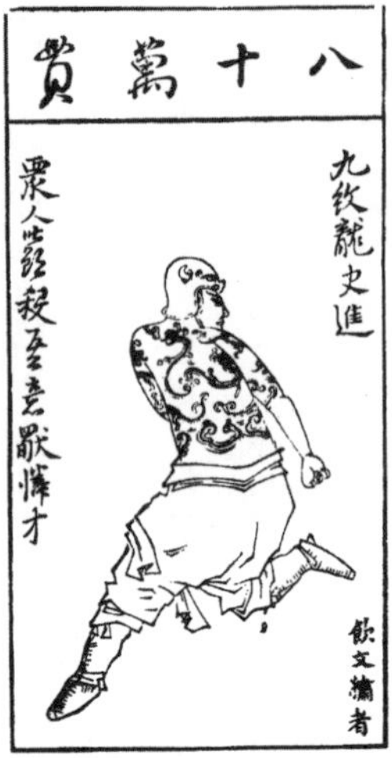

明刊本《水滸葉子》插圖：九紋龍史進

這就使我們瞭解到，唐宋「針筆匠」不僅專業化，而且還有粗下、高細之分，粗下者只能作簡單的「刺字」，高細者則能刺出好看又複雜的「花繡」圖形來。唐代段成式曾記錄了許多這樣「文身」的例子：

蜀小將韋少卿，韋表微堂兄也。少不喜書，嗜好札青。其季父嘗令解衣視之，胸上刺一樹，樹杪集鳥數十。其下懸鏡，鏡鼻繫索，有人止於側牽之。叔不解問焉，少卿笑曰：「叔不曾讀張燕公詩否？『挽鏡寒鴉集』耳。」

荊州街子葛清，勇不膚撓，自頸以下，遍刺白居易舍人詩。成式嘗與荊客陳至呼觀之，令其自解，背上亦能暗記。反手指其札處，至「不是此花偏愛菊」，則有一人持杯臨菊叢。又「黃夾纈林寒有葉」，則指一樹，樹上掛纈，纈窠鎖勝絕細。凡刻三十餘首，體無完膚，陳至呼為白舍人行詩圖也。

又有王力奴，以錢五千召札工，可胸腹為山、亭院、池榭、草木、鳥獸，無不悉具，細若設色。

唐末的無賴男子，也往往用「文身」比試高低，有的是在身上刺上著名的〈輞川圖〉，有的是刺上白居易、羅隱的百首詩歌……

這些例子使我們嗅到的是對高雅文化仰慕的氣息。而安野先生所舉保衛皇帝的張俊軍士的「花腿」例證，恰恰反映了他們其意是以「花文身」討龍顏大悅，以致連無賴也競相仿效「花文身」，這當然是由於「花文身」具有美飾的作用。宋代話本〈郭節使立功神臂弓〉中，作者就著力描寫了兩個無賴相鬥，先以「文身」奪人的場面：

鄭信脫膊下來，眾人看了喝采。先自人材出眾，那堪滿體雕青：左臂上三仙仗劍，右臂上五鬼擒龍；胸前一搭御屏風，脊背上巴山龍出水。夏扯驢也脫膊下來，眾人打一看時，那廝身上刺著的是木拐梯子，黃胖兒忍字。當下兩個在花園中廝打，賭個輸贏。

滿身雕複雜圖案者一「亮相」，就博得了喝彩，而身上圖案單一者則無人叫好捧場。可見，無賴的「文身」也要予以美飾，這已成為一種時尚。倘若「文」上獨特圖形，更顯與眾不同。宋代的人們也多以「文身」者所刺圖形稱呼其人。像《夷堅志》所記：

吉州太和民謝六以盜成家，舉體雕青，故人目為花六，自稱曰「青獅子」。

有揀停軍人張花項，衣道士服，俗以其項多雕篆，故目之為花項。忠翊郎王超者，太原人。壯勇有力，善騎射。面刺雙旗，因以得名。

值得注意的是，「文身」越來越多地成為美貌的象徵。在宋代人眼中，漂亮人物的形象，則須是「文身」者。如《水滸傳》第四十四回中的楊雄：「那人生得好表人物，露出藍靛般一身花繡。」這樣的男子是最易得到婦女喜愛的。南宋永康軍有一妓女謁靈王廟時，見門外一馬卒，「頎然而長，容壯偉碩。兩股文繡飛動，諦觀慕之，眷戀不能去」。燕青正是憑著一身「似玉亭柱上鋪著軟翠」的「花繡」，引得東京名妓李師師都要他脫衣「求現」，並用手「去摸他身上」。當我們用史料與小說相比照，也就不奇怪為什麼在宋代有人「刺淫戲於身膚」了。這正像明人胡應麟在分析唐代張安貧兒為什麼要在胳臂刺上詩時，認為這是「札刺名號，以互相思憶」，「狹斜遊人與娼狎，多為此態」。

也許正是由於「文身」可以更真切地使異性迷戀，在一個「技巧則驚人耳目」的氛圍中，它格外獲得了人們的認同。政府的高級官員也要以「文身」為榮耀。徽宗朝的李邦彥，身為宰相，每每侍宴，他也「將生絹畫成龍文貼體，將呈技藝，則裸其衣，宣示文身」。這種本無「文身」，卻偏偏要顯示有「文身」的做法，無非是為了趕時髦。而有人就是因「文其身」，得到了皇帝所賜「錦體謫仙」的雅號。所以，在東京大街上，光天化日之下，普通百姓也是要露出「渾身赤膊，一身錦片也似文字」。

在南宋臨安，市民們則組成了專門的「文身」社團——「錦體社」。劇作家則在戲劇中塑造了「文身」人物形象，每逢臨安舉行盛大節慶活動時，遂行於西湖的技藝畫舫上，「俱裝小太尉、七聖、二郎神、神鬼、快行、錦體浪子」出演。為了促進酒的銷售，諸酒庫請來技藝人助興，其中也要有「喬妝」的「錦體浪子」形象。技藝人中亦不乏「文身」者，像「唱

賺」的「雕花楊一郎」。他「文身」的目的無疑是希望引起更多市民的關注。還有存世的宋代〈眼藥酸〉絹畫可資佐證，畫中右邊作市井細民打扮者，頭巾紮作沖天形態，著圓領青衫，繫腰帶，穿白褲，蹬練鞋，袖挽至肘，露出青色的「文身」手臂。這種故意露出「文身」模樣，是為了表演，是為了取悅於市民，也可說是市民喜歡「文身」人物最為真實的記錄，它彷彿使我們觸摸到了宋代人們對「文身」熱烈喜愛的歷史脈搏……

通過以上的巡視，觀者不禁要提出這樣一個問題：「文身」為什麼在唐宋興盛，並有鮮明的美飾傾向？筆者認為，只有將「文身」現象放在文化大背景上去觀察，才會對唐宋「文身」有較為清楚的體會。

唐宋時代是中國歷史上經濟文化昌盛的時代，尤其是宋代，它的科技和文化均是空前的。這一時代著作家所勾勒出來的人物、景象，無一不顯得明朗而又蓬勃，雄厚而又酣暢淋漓。那邊塞戎行的書生，那稻穀茂盛的田野；靚妝俊美策馬馳騁的女子，深海遠洋劈波斬浪的巨艦；即使那偎紅倚翠的柳永，也是那麼瀟脫自如，淺斟低唱也是那樣流暢動人……唐宋氣象是一種昂揚的、精緻的文化氣象，就像《說文》解釋「文」的含意是「錯畫也」一樣，唐宋的時代特徵是文采斐然。

傳統的東西，或揚棄或美化，不斷地標新立異，或超凡脫俗。一向身居深閨後院的婦女竟也成了這個時代的報春燕子，從唐墓出土的石刻和〈虢國夫人遊春圖〉等畫卷來看，唐代貴婦乳房半露或完全袒胸裸臂，向世人炫耀身材的豐滿。宋代女子則在最熱鬧的上元燈節，在皇帝與萬眾面前，脫衣裸身，相撲為戲，使肌體盡露，引人觀賞，以致司馬光為之驚詫，專上一〈論上元令婦人相撲狀〉。

是的，唐宋時代發生著前無古人的變化。長安、東京作為當時世界上最大的城市，以宏偉氣度，伸開臂膀，接納著四方賓客。為了向海內外展示自己豪放不羈、自信十足、勇往直前的風采，一時間，人們意識到「文身」最容易向外界傳播這種文化韻味。「文身」這一舊有的傳統樣式，就是在這樣的文化大背景下翻出新花樣來的。

大家已看到，在唐宋之前，「文身」主要是作為刑罰使用的，儘管有些少數部族崇尚它，但「文身」的影響還未邁向政治、經濟、文化的中心——城市，只是到了唐宋，「文身」才跳出刑罰的藩籬，甩開了部族的局限，普遍昇華為一種較為特殊的文化符號，在整個社會水面上蕩漾開來。

特別是在宋代，「文身」幾乎到了無孔不入的地步。宦門的嬰兒，如兵部侍郎王湖公出生時，便全體刺上百花鳥雀。以文雅自負的儒士也「文身」。血統高貴的皇族子弟也不可抗拒地捲入了「文身」的漩渦，雖然皇家發出「凡人一被文刺，終身不可洗除」、「有玷祖宗，

莫此為甚」的恫嚇，並做出「宗室不許雕青」、違者加以處罰的規定。

可是，一種文化樣式一經被群眾認同，又怎麼能阻擋住它的奔湧沖洩？用宋代高承的話來說：「今世俗皆文身，作魚龍飛仙鬼神等像，或為花卉文字。」學者也為「文身」尋根究源，宋代的王觀國經過對秦伯、虞仲因故「乃奔荊蠻，文身斷髮，蓋自同於蠻夷之習」的考據，得出結論道：「文身斷髮，粵俗之所好也，非避蛟龍之害也。」

這種從風俗上肯定「文身」的學術做法，為「文身」找到了正宗，這顯然也是宋代「文身」發展已很深入民眾的一種折射。但我們不能忽略了唐代「文身」，雖然它沒有達到宋代那樣的程度，可正是唐代的「文身」托著宋代「文身」攀上中國「文身」的最高峰。因為再往後看，元、明、清乃至民國的「文身」樣式從未越過宋代「文身」的水準，只不過是在宋代「文身」基礎上的複製。這樣的觀察點是可以成立的，以此推廣而去，在研究中國古代文化史問題時，筆者也將遵循這樣的線索作如是觀。

迎神賽會

迎神賽會最早的源頭可追溯到遠古，《周禮．夏司馬》就記載了這種性質的「大儺[26]」活動。隨著歷史的演變，這種載歌載舞的祭祀禮儀，逐漸變化為迎神、敬香等不同主題、內容豐富的活動。

《洛陽伽藍記》中描繪了一幅長秋寺四月四日出一負佛像的白象場景：辟邪的獅子在前面開路，簇擁的隊伍中有吞刀吐火、彩童上索等表演，奇技異服，文物成行。象停之處，觀者如堵……

此後的迎神賽會均按照這種模式繁衍，它的特色都是邊行進，邊表演，名為娛神而成會，實際上是集娛樂觀賞於一體的群眾性文化聚會。這種文化聚會在明清達到了極盛。明代王稚登的《吳社編》，曾就迎神賽會作過綜述：

26大儺：臘月禳祭，以期能驅除瘟疫、消災避禍。

凡神所棲舍，具威儀、簫鼓、雜戲迎之曰會。優伶伎樂，粉墨綺縞，角抵魚龍之屬，繽紛陸離，靡不畢陳，香風花藹，迤邐日夕，翱翔去來，雲屯鳥散，這是會的大概。主其事的叫「會首」，荒隅小市的叫「助會」，神像過門，士女羅拜，是「接會」、「看會」。會行有數十名手搏者為前驅，這叫「打會」，接著，為「妝會」、「走會」、「舍會」等等。

迎神賽會包羅萬象，雜劇有「虎牢關」、「遊赤壁」、「水晶宮」、「採桑娘」等；神鬼有「觀世音」、「二郎神」、「鍾馗嫁妹」、「西竺取經」等；人物有伍子胥、宋公明、十八學士、十八諸侯等；技術有「傀儡」、「刀門」、「戲馬」、「走索」等；纏結有「藍關亭」、「五雲亭」、「錦球門」、「秋千架」等；樂部有「得勝樂」、「清平調」、「雙合笙」、「歇拍鼓」等；珍異有「珍珠帶」、「商金鞍」、「錯金兵仗」、「百斤沉香」等；散妝有「打圍場」、「平倭隊」、「鬥蟋蟀」、「采芝仙」……

迎神賽會，竭盡鋪陳之能事。洞庭會中的黃白龍，是裒金銀掩鬢為鱗，又用金銀指環連為長絙，維之以行。一支燃放的爆竹，要四個人才能抬起來。飾征西寡婦的十二姣童，所騎駿馬都是珠勒銀鞍；按樂的錦衣少年，金鐃長笛，連老藝人也自嘆不如。

迎神賽會不光鋪陳豪華，其器具製作也是驚人的。祭器是用瓜仁壘起的，花石、牲牢、樽壺、俎豆，像雪圃霜林，瓊筵玉席。雕簷曲楯，疊架連楣，如黃屋琉璃，光射清旭，卻是用麥柴製成的。車倉之穀，則用稻黍，甃為樓觀、軒楹、楣牖，動合準繩，光潔澄麗。

迎神賽會上，技藝更是動人心魄，獅子金目熊皮，兩人蒙之，一人戴木面具，裝月氏奚奴，持繡球導舞，兩人蹲跳按節，若出一體。弄傘的是一架五傘，大傘如屋，一人耍弄，左提右攬，人們看去，只覺他唇端、額上、腕畔都是傘……

王稚登所敘只是明代蘇州一地的迎神賽會，但我們從此可以瞭解到明代的南方城市迎神賽會的一些基本特徵。可與之相對比的是清代北方城市天津的迎神賽會，這種由康熙謁天妃宮，民間做百戲以獻神娛康熙而得名的「皇會」，自乾隆初期就一直堅持不斷，成為天津主要的文化娛樂活動。可以說，天津一入三月，便每日賽會，光怪陸離，百戲雲集。各縣大邑，遠道而來；泊船之處，無隙可尋；紅顏白鬢，迷漫於途；百業停工，交通斷絕；輦駕出巡，填塞街巷；通宵達旦，歌舞如狂……

「皇會」名目繁多，令人目不暇接，全盛時期僅「法鼓會」就達九十多起。略而言之，主要有：法鼓會、八仙會、鮮花會、捷獸會、五虎扛箱會、門幡老會、太平花鼓會、重閣老會、燈牌、接香會、鑾駕、黃轎、寶輦、華輦、護輦、請駕會、太獅會、鶴齡會、寶鼎、寶塔會、大樂老會、十不閒會等。

《海上百豔圖．石獅會》

這些會的成員多由天津附近各鄉鎮居民、行業中人組成。如清初每年四月初十前後在北京西郊妙峰山天仙娘娘廟表演的「獅子會」，均由北京的「棚匠」組成。由於棚匠善於高空作業，這樣的迎神賽會也最耐人看（參看本書〈絕技〉一文中關於棚匠的記述）。

只要看看急急忙忙趕著去看迎神賽會的鄉下人，就可以想見這城裡的迎神賽會有多大的吸引力了：

俺四月趕了一個莫州廟，多半年無事家裡閒著。聞聽人家說京都的皇會多熱鬧，待去看無有盤纏，又得趕集去把糧食糶。現放著武藝內裝著霸王鞭，響動就唱離京調，老頭子說拿著倭瓜就扛被套，路途遠又遙。過了盧溝橋，緊趕慢趕城門又關了，尋不著豆腐房，宿了一個五道廟，天明起來早。進城頭一遭，兩眼似離雞，四下裡觀瞧。……進了城樂壞我了，穿街越巷又出了城，到了高亮橋，唬了我一大跳。誰家的大衣架放的攔著道，睜眼往前瞧，果然熱鬧，兩邊景致沒看見一遭，廣些花花物……

這是清代王廷紹《霓裳續譜》中的〈鄉老慶壽〉，但這雜曲並不意味著清代農村中的迎神賽會不熱鬧，相反，這樣耐人看的迎神賽會，在明清廣大的農村更為普遍，隨便翻一下明清的地方誌，便可感受到迎神賽會之風的強烈。《嘉靖武康縣誌》記此縣各村在清明前幾天，便裝扮臺閣，如癲如狂。又《嘉靖廣平府志》記此府凡遇春祈秋報之時，鄉人便醵錢穀祭神，次日正賽，樂人裝戲……

明代黃暐《蓬軒吳記》說迎神賽會時，神像都像王者一樣著赭色衣沖天巾，夫人都像王妃一樣盛飾，其意在鬥勝相誇。迎神賽會已演化成了技藝的競賽，服裝的競賽，敬重神靈的競賽，歷史文化修養的競賽。清代笪重光《江上詩集》專有〈賽太尉〉來介紹這種現象：

村人迎太尉，繞巷復巡陂。雉尾攢神冠，繡襦為神幃。
神來日顛倒，神喜風披靡。兒童戴粉面，丁壯舞紅衣。
恣睢魏武皇，嫋娜越西施。簫管殺銅鉦，彩繩揮金椎。
二社互爭雄，四村無敢窺。

這樣的迎神賽會，倘無經濟力量支持，是很難舉行的。簡言之，迎神賽會成了一村、一

縣、一地區的經濟晴雨表。明代陳鴻、陳邦賢《熙朝莆靖小記》說此地在窘迫時舉行迎春會，只「妝扮故事百餘架，點綴春光，俱是里長答應。用桌一只，後造一屏，二人扛抬，飾小兒為男女坐桌上，無甚好衣服」。情況好轉後，「春架借各班戲子妝扮，新造高大木架，用四人扛，請好兒童三四人，飾新鮮衣服，演鬧熱故事，更相爭賽」。於此可見，明代農村的迎神賽會多在地方富庶的情況下舉行。

《嘉靖仁和縣誌》記此縣的迎神賽會就是起於成化末年承平之時。一魯姓者倡議七月十三日為諸侯降生，立會慶祝，一方富豪，各出己資，裝飾各種抬閣，次第排列，導以鼓樂，繞街迎展。這樣搞了兩年，欣動他境，以致互仿相效……

迎神賽會也多在有災害時舉行。海外散人《榕城記聞》所記錄的就是崇禎十五年（一六四二年）二月間，榕城出現了瘟疫，按鄉例便祈禳土神，當時的情景是：

更有一種屠沽及遊手之徒，或扮鬼臉，或充皁隸，沿街迎賽，互相誇耀。繼作紙舟，極其精緻，器用雜物，無所不備，興工出水，皆擇吉辰，如造舟焉。出水名曰「出海」，以五帝逐疫出海而去也。是日，殺羊宰豬，向舟而祭，百十為群，鳴鑼伐鼓，鑼數十面，鼓亦如之。與執事者或搖旗，或扶舟，喊吶喧闐，震心動魄。當其先也，或又設一儺，紙糊五帝與部曲，乘以驛騎，旋繞都市四周。執香隨從者以數千計，皆屏息於烈日中，謂之「請相」。及舟行之際，則疾趨恐後，蒸汗如雨，顛躓不測，亦所甘心。一鄉甫畢，一鄉又起，甚而三四鄉，六七鄉同日行者。自二月至八月，市鎮鄉村日成鬼國，巡撫張公嚴禁始止。

無論在何種情況下舉行的迎神賽會，都以其技藝的、宗教的、服飾的、器具的等豐富多彩的樣式，吸引著人們，並日益廣泛地傳播著，影響所及，以致明代南京妓院都舉行了賽會。周暉《續金陵瑣事》這樣說道：

> 有色業俱優者，或二十、三十姓結為手帕姊妹。每上元節以春檠巧具肴核相賽，名「盒子會」。凡得奇品為勝，輸者罰酒，酌勝者中有所私，亦來挾鋤會。厭厭夜飲，彌月而止。席間設燈張樂，各出其技能……

這已超出迎神賽會範圍，但又不能說不是賽會的一

清吳友如繪《風俗志圖說・磨子會》

種。至清代，類似這樣的賽會，愈演愈烈，尤其是那些財力雄厚的商人參與其間的賽會。金安清《水窗春囈》記嘉慶年間淮城商人舉行的一次「群花會」：

二十四位佳麗各出一玩好為纏頭，或珠，或玉，或披霞，或漢璧，都是人世間罕有而精巧絕倫的物品。二十四位佳麗無一雷同，價值達萬金以上。臨河觀眾數千人，都認為這是神仙高會。

奢侈風氣一開，迎神賽會賽儉樸了，就會使人抬不起頭來。

吳震方《嶺南雜記》這樣說道：

粵俗最喜賽神迎會，凡遇神誕則舉國若狂。余在佛山，見迎會者臺閣故事，爭奇鬥巧，富家競出珠玉珍寶，裝飾孩童，置之彩輿，高二丈，陸離炫目。大抵爆俱以繒彩裝飾，四人舁之，聲徹遠近，中藏小爆數百，五色紙隨風飛舞如蝶。聞未亂時更盛，土人頗慚此會殊寒儉矣。

正因這種心理作祟，所以各地迎神賽會，無不全力以赴，使迎神賽會的費用、規模不斷攀升，豪華日甚。正像陳懋仁《泉南雜誌》批評迎神賽會時說的：「不但靡費錢財，恆有鬥奇角勝之禍。」有的就是因為場面浩大，不堪承負，難以為繼了。還有的盲目追求表面效應，但組織失調，結果踐踏死人，時有發生。

《天津皇會考紀》載：光緒十年（一八八四年），三十二人擔的，底高八尺，底上共有三抬，每抬占據一層，每層有數名童子演劇的「抬閣」，其上發生了曬死「王母娘娘」一事。起因是：第二抬閣最高層為王姓六歲小兒，扮王母娘娘，童子被繩子縛在抬閣中心一鐵柱上，若飛凌空，觀者無不稱奇，但太傷人道。因扮演者不得飲食走動，出會時，日光暴熱，王兒索水無應者，喊病也無應者，一直到暈到死，也無人理會。

《海上百豔圖·翠冠賽會》

又有「報事靈童會」，一個扮演頭戴紫金冠的童子，冠上鑲嵌一個大如鴿卵，用金鋼鑽匝的珍珠，價值三萬金，誰知第二日冠上珍珠丟失。原來出會前一天，北京及各地就有三百多著名小偷來到天津，一偷施展手段將此珠竊走……

更為嚴重的是迎神賽會上的沿戶按門勸募的斂錢弊病，使人怨聲載道，卻礙難拒絕。蓋此弊病根深蒂固，早在宋代就已露其端倪：

李燾《續資治通鑑長編》記錄仁宗嘉祐五年（一〇六〇年）時成都所部諸州，每年都有遊惰不逞之民，以祭賽鬼神為名，斂求錢物。一坊巷至聚三二百人，作將軍、曹吏、牙直之號，執槍刀、旗幡、隊仗，及以婦人為男子衣，或男子衣婦人衣，導以音樂百戲，三四夜往來不絕。

李燾針對此情，深有感慨地說：「雖已揭榜禁約，然遠方風俗相沿，恐難驟止，請具條制。」可是有了條制就能制止這種惡習嗎？答案是否定的。乾隆時期的名士楊無怪在〈皇會論〉中還描繪了這些遊手好閒斂錢者的形象：

口稱善事，手拿知單。有錢無錢，強派上臉。圖了熱鬧，賺了吃穿。

然而，這絕不是迎神賽會的原意……

第五章

器物小識

通過人工技巧從天然界開發出有用之物，這是中國所特有的技術觀。

——中國科學技術史研究者·潘吉星

最早的保溫瓶

中國的保溫瓶究竟始於何時？筆者通過對宋代文獻史料的研究認為：保溫瓶在北宋的後期就已經開始製作並使用了。其證據是：

張虞卿者，文定公齊賢裔孫，居西京伊陽縣小水鎮。得古瓶於土中，色甚黑，頗愛之，置書室養花。方冬極寒，一夕忘去水，意為凍裂。明日視之，凡他物有水者皆凍，獨此瓶不然。異之，試以湯，終日不冷。張或與客出郊，置瓶於篋，傾水瀹茗，皆如新沸者，自是始知祕。惜後為醉僕觸碎。視其中，與常陶器等，但夾底厚幾二寸，有鬼執火似燎，刻畫甚精，無人能識其為何時物也。

這條史料使我們得知保溫瓶已經在北宋開始使用並引起人們的新奇感與神祕感。另一條史料則清楚地描述了在玻璃膽瓶上塗附水銀的製作技術過程：

徽宗嘗以紫琉璃膽瓶十，付小璫，使命匠范金托其裡。璫持示範匠，皆束手曰：「置金於中，當用鐵篦熨烙之，乃妥帖。而是器頸窄不能容，又脆薄不堪手觸，必治之，且破碎，寧獲罪，不敢為也。」璫知不可強，漫貯篋中。他日，行廛間，見錫工扣陶器精甚，試以一授之曰：「為我托裡。」工不復擬議，但約明旦來取。至則已畢。璫曰：「吾觀汝技能，絕出禁苑諸人右，顧屈居此，得非以貧累乎？」因以實諗之。答曰：「易事耳。」璫即與俱入，而奏其事。

上亦欲親閱視，為之幸後苑，悉呼眾金工列庭下，一一詢之，皆如昨說。錫工者獨前，取金鍛治，薄如紙，舉而裹瓶外。眾咄曰：「若然，誰不能？固知汝俗工，何足辦此。」其人笑不應，俄剝所裹者押於銀箸上，插瓶中，稍稍實以汞，掩瓶口，左右洞之。良久，金附著滿中，了無罅隙，徐以爪甲勻其上而已。眾始愕眙相視。其人奏言：「琉璃為器，豈復容堅物觸，獨水銀柔而重，徐入而不傷，雖其性必蝕金，然非目所睹處，無害也。」上大喜，厚賚賜，遣之。

這兩條史料均出自《夷堅志》，是目前所能找到的中國古代保溫瓶最早的記錄。第一條

史料是說張齊賢孫子輩分的張虞卿已使用了保溫瓶。張齊賢，是宋真宗時兵部尚書，卒於一〇一四年。他的裔孫張虞卿當生活在北宋中後期，或確切地說主要生活在宋徽宗時期。而另一條史料剛好可與之互證。

眾所周知，保溫瓶是一種雙層玻璃容器，內外壁在頂部完全封攏，將夾層中的空氣抽出來。保溫瓶的內壁需鍍上一層水銀，這是為了減少由輻射傳走的熱量。《夷堅志》中這兩條史料表明：宋代的保溫瓶已有了今日保溫瓶的雛形。

首先是第一條史料記張虞卿所擁有的保溫瓶「夾底厚幾二寸」，這就證實了這種保溫瓶是中間有空隙的雙層構造，「夾底」即夾層。

第二條史料則記述了錫工剝所裹金箔，押於銀筷子上，插入玻璃瓶中，再輸入水銀，掩住瓶口，左右搖動，以使水銀塗鍍在瓶膽上，這大體是符合保溫瓶製作技術的。

這兩條史料所反映出來的保溫瓶的情況，若放在整個宋代製作玻璃瓶、水銀的歷史中去觀察，就會發現這已不是個別現象了。

考之宋代典籍，我們可以得知：玻璃是自然之物，彩澤光潤，逾於眾玉。它用石英砂、純鹼、長石及石灰為主料，有時加入少量澄清劑，將原料混合、熔融、勻化後，加工成形，再經退火處理而得玻璃製品。

宋代已能夠進行這種玻璃品的製作，宋徽宗一次就能給小太監十個紫色玻璃瓶，就已表示宋代的玻璃瓶製作的數量已不小，而且品種多樣，品質也相當不錯。

因為在此之前，就有孔平仲的〈海南琉璃瓶〉詩：

手持蒼翠玉，終日看無足。秋天長在眼，春水忽盈掬。
瑩然無埃塵，可以清心曲。有酒自此傾，金樽莫相瀆。

又如後來張耒的〈琉璃瓶歌贈晃二〉詩中：

非石非玉色紺青，昆吾寶鐵雕春冰。表裡洞徹中虛明，宛然而深是為瓶。
以有易無百貨傾，室中開櫜光出楹。

透過這樣的詩句，不難想見琉璃瓶的晶瑩，品質的優良。

而且，宋代政府在與外國貿易過程中，還非常注意吸收外國的玻璃瓶製作技術。筆者在翻檢這一時期的中外貿易史料時，發現波斯語國家與宋朝貿易的「方物」中玻璃瓶為一大項。

如自建隆二年（九六一年）起，占城就進有「大食瓶」，即伊朗瓶。而伊朗國貿易的「方物」中，每次都有玻璃製品，以各式玻璃瓶為多。如至道元年（九九五年），一次「貢品」中就有：

眼藥二十小琉璃瓶，白沙糖三琉璃甕，千年棗、舶上五味子，各六琉璃瓶，舶上褊桃一琉璃瓶，薔薇水二十琉璃瓶。

伊朗的玻璃瓶，為宋代製造品質較好的保溫瓶提供了有益的借鑑。

從製造玻璃保溫瓶的必備之物——水銀來看，宋代的水銀提煉是很興盛的。北宋後期，唐慎微《重修政和經史證類備用本草》就做過這樣的記載：「作爐，置砂於中，下承以水，上覆以盎器，外加火煆養，則煙飛於上，水銀溜於下。」提煉水銀的器具和方法的出現是社會對水銀的需求量很大的一種反映。

到了南宋，提煉水銀已發展成了規模生產。周去非《嶺外代答》所記廣西桂林地區出現的上火下水的內蒸餾器提煉水銀法可為代表：

邕人煉丹砂為水銀，以鐵為上下釜，上釜盛砂，隔以細眼鐵板，下釜盛水埋諸地，合二釜之口於地面而封固之。灼以熾火，丹砂得火化為霏霧，得水配合而下墜，遂成水銀。

倘若沒有社會性的、迫切的對水銀的需求，是不會出現這種生產規模大、水銀產量高的蒸餾化裝置的。

宋代社會所出現的各式各樣的煉丹術，也可以證實這一點。在北宋後期，水銀就作為一種商品廣泛流行了。如「瓢內出汞成金」、「草製汞鐵皆成庚」、「市藥即乾汞」等。南宋的曾敏行《獨醒雜誌》還記敘：水銀燒煉點化之術，「雖因誣誕欺人者甚多，然不可謂無此術」。這從另一側面告訴了我們，水銀在人民的生活中已占有重要的地位。

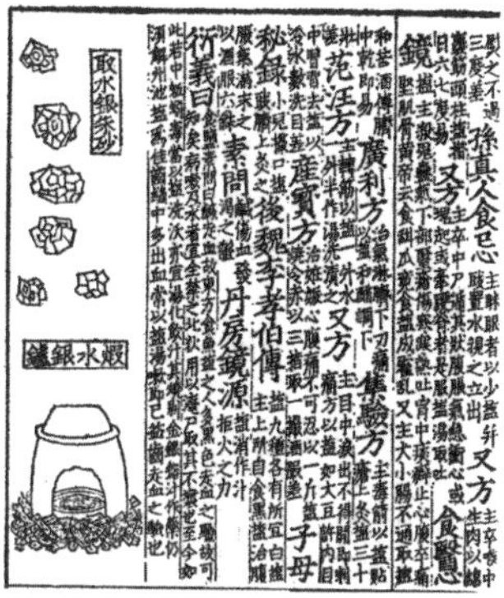

宋代典籍中關於水銀的記載

通過以上探索，我們大致可以瞭解到，宋代的玻璃瓶製品與水銀塗鍍技術、水銀的提煉技術及使用，都呈現出一派興旺景象，從而為保溫瓶的生產提供了有利條件。但是，必須看到，這些只是保溫瓶出現的基本科學技術因素，假如沒有合適的自然條件、社會環境，保溫瓶也不會在北宋出現。

氣象學權威竺可楨認為，十一世紀的北宋，是中國歷史上最為寒冷的時期之一，僅從天禧元年（一〇一七年）至政和三年（一一一一年）這段時間的東京來看：降雪不斷，凍死甚眾，有時大雪連月，至春不止，平地積雪八尺有餘，連飛鳥都凍死了。

進入南宋，西元十二世紀的臨安，氣候更為寒冷，降雪之多，勝過北宋，不僅比平常頻繁，而且延至暮春。於是，我們就看到了這樣的記載：

東京，冬天雖有大風雪，但仍有夜市。除賣點心、水果外，「至三更，方有提瓶賣茶者，蓋都人公私榮幹，夜深方歸也」。臨安，「冬日雖大雨雪，亦有夜市盤賣。至三更後，方有提瓶賣茶」。

這兩條史料揭示了這樣一個史實：商販們「提瓶賣茶」所用的瓶，是保溫的水瓶，因為用鐵或瓷製成的瓶子裝茶水，即使在茶瓶的外面包裹厚實的棉被之類，在極寒冷的冬夜，一會兒也會涼的。

且在宋代，是非常講究注滾熱的湯水於盞碗中，「點開」茶葉或茶餅才飲用的。像蔡襄《茶錄》所說：「凡欲點茶，先須熁令熱，冷則茶不浮。」還有在宋代筆記、小說、詩歌中屢屢出現的「鬥茶」，倘無盛貯熱水的暖瓶，無法想像是如何「點茶」相鬥的？這就如同沒有保暖的瓶膽，在冬夜裡不可以賣熱茶，而冷茶在冬夜裡不可能有市場一樣。正因如此，在宋代飲食行業中，「提瓶賣茶」才成為獨立的行當。

需要提及的是，宋徽宗是最能追求浮華的，官宦貴吏無不以珍稀物品爭相獻上邀賞，民間的工匠也無不受這種「侈奢則長人精神」的感染，紛紛鑽研奇巧技藝。《夷堅志》中的擅長塗鍍水銀技術的錫工，就是小太監在百姓居住區發現的。這就表明這種水銀塗鍍技術已在民間廣泛流傳。而保溫瓶得到最喜歡奢侈品的徽宗賞識，會很快推廣開來，也是十分可能的。臨安在保溫物品方面就出現了「暖水釜」。既稱之「暖水釜」，其構造必是用玻璃為膽，水銀為裏。皇帝將這樣的暖水器皿，賜給出嫁的公主，說明此類暖水器皿在宮中已普遍使用，並頗得人們的喜愛，從而使使用保溫器皿成為社會的時尚。

那麼，宋代的保溫瓶應該是個什麼樣子呢？目前尚未有出土的宋代保溫瓶實物證實，但這並不妨礙我們從出土的宋代的瓷茶瓶、玻璃水瓶中尋找旁證。

從出土的宋代茶瓶看，它一般造型為寬口，鼓腹，平底，短流，與流成九十度角的腹壁上安有筒形把手。在江西贛州、景德鎮的宋井中，江蘇無錫環城河宋代古井中出土的宋代挈瓶，一般為弇口（或敞口）、短頸、溜肩、長圓腹、小圈足（或小平底），為便於提攜，在肩部安雙耳或四耳。

宣化遼墓壁畫中漢僕從手中茶瓶

此外，從內蒙古奈曼旗，遼開泰七年（一〇一八年）陳國公主墓出土的十到十一世紀初中亞伊斯蘭製造的高頸玻璃水瓶，遼寧朝陽北塔地宮出土的伊斯蘭玻璃瓶，天津薊縣獨樂寺遼代塔基內發現的伊斯蘭刻花玻璃瓶，河北定縣北宋太平興國二年（九七七年）塔墓內發現的六種伊斯蘭玻璃器，都能使我們對宋代保溫瓶形狀有所推測。

一九八六年南京林學院發現的北宋墓中，有許多高約三十一公分、底六點四公分、口徑六公分的瓶子，這些瓶子雖不是玻璃瓶，但考古學家研究認為：已和現今的瓶子十分相似了。另外，宋代〈花塢醉歸圖〉中，有一挑著行囊的僕人，行囊後端攜帶的酒瓶，也為宋代保溫瓶的樣式提供了參照。我們可以想見，宋代的保溫瓶雖然不能和現代的保溫瓶完全一樣，但其基本樣式已無多大差距。

綜合以上的考證，筆者傾向於宋代保溫瓶的樣式為：

寬口，長頸，長腹，瓶口安有開啟的瓶蓋，它與保溫瓶包裝外腹壁上的近似直角的弧形鐵把手相連，箍在瓶頸口上，以便於開啟和提攜。

也許有一天會出土宋代保溫瓶的實物，那將對筆者的這一考證做出驗證。

金明池裡的船塢

天津藝術博物館珍藏著一幅〈金明池爭標圖〉，這幅張擇端所作的絹畫，精細描繪出了金明池爭標的熱鬧景象。印之於記述東京風物的《東京夢華錄》、《醉翁談錄》、《楓窗小牘》等著作，它絲絲入扣，為我們瞭解北宋時期的金明池面貌提供了相當正確的依據。尤其是圖中所繪的「澳屋」，即船塢，尤為寶貴。筆者認為，這是經得起推敲的歷史真實：

在中國古代歷史中，宋代造船業有著較之以前任何一個時代都要繁榮的表現。官府的、民間的造船工廠遍布沿海各地，並以平均每年造船三千餘艘的速度進展，而且有的地方所造「舟船深闊各數十丈」，頻繁出海入洋，這就使停泊、檢查、修補船隻的船塢應運而生了。

如宋太宗時的山東青州臨朐人張平監陽平都木務兼造船場工之際，「舊官造船既成，以河流湍悍，備其漂失，凡一舟調三戶守之，歲役戶數千。平遂穿池引水，繫舟其中，不復調民」。應該說這是古代史籍中較早一條關於「濕船塢」的材料。它未說明這種「濕船塢」能不能修補船隻，但是據文中「穿池引水」看，這種船塢是一種池子形狀，若將池口處堵上，

將池中水拍乾，便變成「乾船塢」，是可以修船的。

宋代較為明確的「乾船塢」則是和黃懷信這一名字連繫在一起的。黃懷信，《宋史》無傳，僅在《宋史．河渠志》中有點滴記錄：熙寧六年（一〇七三年）四月疏導黃河時，王安石採納黃懷信根據李公議所獻疏河的「鐵龍爪揚泥車法」而提出了浚河「浚川把」，從而使黃河暢通。由此可見，黃懷信對水利、機械起重都有過精深的研究，堪稱專家。

對黃懷信建船塢的記述，主要在沈括《夢溪筆談》補卷二〈權智〉中：開國初年，兩浙獻來一條龍船，長二十多丈，船工造有宮室層樓，其中設有臥床，以備皇帝乘坐遊覽。由於年長日久，船的腹部腐朽需要修理，但在水中無法施工。熙寧中期，依宦官黃懷信提出的方案，在金明池北挖一個很大的「澳」，其大小可以容下龍船。在「澳」底立上木柱，用大木架在立柱上當梁。於是把金明池的水引入「澳」中，將龍船牽引到梁的上面，隨即排乾「澳」裡的水，龍船便架在空中，修補完以後，再把水引進來，使龍船浮起，再撤去梁柱。在「澳」上蓋一座大屋，成為藏船的房子，從此再也不怕船暴露在外面了。

這是目前所能查找到的在船塢中修船的一條較早的史料，在宋代以前，儘管有許多造船的史料，但還未發現船塢的史料。遍查宋代其他典籍，還未發現其他有關在船塢中修船的更詳或更簡的記載，那麼我們就非常有必要將金明池中船塢的來龍去脈搞清楚。

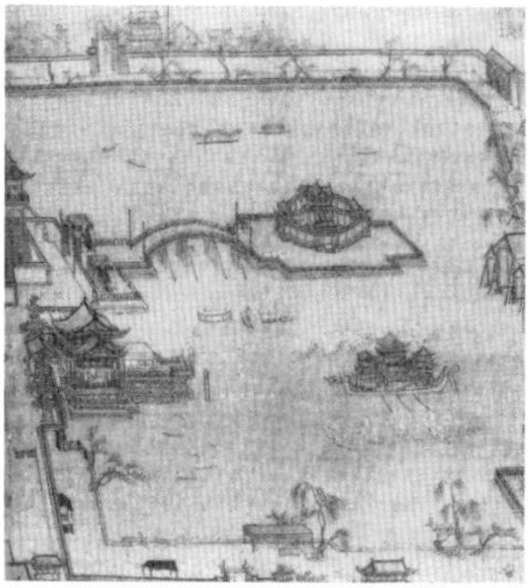

宋張擇端〈金明池爭標圖〉

首先要弄清「澳」，蔡絛《鐵圍山叢談》說金明池：「池北創大屋深溝以貯龍舟，俗號『龍澳』者。」孟元老《東京夢華錄》也做過類似的記述。從張擇端〈金明池爭標圖〉中看，「澳屋」是在圖之右側，即金明池北岸正中部位，一跨水高聳敞開無門的大屋。其支柱框架突現於岸堤，後半部未畫出，但可以想見整個船塢呈形。

「澳」有多大？這需看金明池有多大。據載它「周圍約九里三十步，池西直徑七里許」。池內經常演習「水戰」，楊侃〈皇畿賦〉說它「陣形星羅，萬棹如風而倏去」。金明池北岸的「澳」之大小於此可略知其規模。

還有，沈括所說黃懷信監修的大龍船長二十多丈，孟元老說這大龍船「約長三四十丈，闊三四丈」。以宋代一丈約合今天三點零七公尺計算，大龍船長逾一百公尺，寬十餘公尺，是完全可能的。它「上有層樓臺觀檻曲」，可謂龐然大物。在金明池中是由「虎頭船」等小船用繩牽引，出入於「澳」的，以大龍船的長、寬、高、深之度，便可推算出「澳」，也就是船塢的長、寬、高、深之大略。

「澳」的立體狀貌是怎樣呢？只能從〈金明池爭標圖〉見一側影，卻找不到直接史料，只好去找旁證。北宋天聖初年，在真州（今揚州市南）建通江澳閘，胡宿寫下了一篇膾炙人口的〈真州水閘記〉。在胡宿的筆下，其「澳閘」的結構是：

> 礱美石以甃其下，築疆堤以禦其沖，橫木周旋，雙柱特起。深如睡驪之濱，壯若登龍之津。

胡宿所寫的是建在水中的「澳閘」，而不是盛大龍船的「澳屋」，可是「深如睡驪之濱，壯若登龍之津」的澳閘，與金明池中的「龍澳」兩相對照，可以發現它們還是很接近的。再說，真州水閘建造在黃懷信監修大龍船之先，對他以後建設船塢恐怕不無啟發。

「澳」的面貌似乎可以有一能自圓其說的解釋，但如何使「澳」中的水排乾以在「澳」中修理龍船？一九七九年，上海交通大學與上海市造船工業局合著的《造船史話》認為：大龍船引入金明池北一大坑後，「再用土牆將坑與金明池隔開，抽掉坑中的水，船就被架了起來，修補非常方便。修繕完工後，將土牆挖去，龍舟又浮了起來。以後，就將木梁木墩拆除」。

這種解釋明顯與事實不合，因為沈括沒做過用土牆將坑與金明池相隔的記錄。當然，我們不能因為沈括沒有說過，就不能有用土牆相隔來解決船塢問題的設想了。若用土牆相隔，挖掉土牆，船是可以浮起來了。可是「澳」中都是水，在水中怎麼能將承架那樣龐大龍船的大木大梁大木墩拆除？如果不將木、梁、墩拆除，大龍船怎麼能再次進入船塢？根據《東京夢華錄》可以知道，大龍船出船塢俯瞰「爭標」，當天便返回船塢。

針對此點，筆者從當時機械起重程度出發，認為關鍵在於「澳」有個「門」，或者稱之為「閘」較與事理相符。其依據是：《東京夢華錄》卷一中就記錄了開封出入船隻的最大城門之一的東水門，「有鐵裹窗戶，遇夜如閘垂下水面」。這表明完全可以設立一個能啟閉上下的較大裝置。其啟閉的工具應為那種裝搖柄和軸的起重裝置——絞車，如曾公亮《武經總要》云：

> 絞車，合大木為床，前建二叉手柱，上為絞車，下施四單輪，皆極壯大，力可挽二千斤。

用牲畜或多人，或同時用多部絞車之力是能絞起能容納大龍船那樣寬大的「龍澳」之門的。

嚴格地說，這是一種整體升降的「懸門」，又喚作「兼板」、「插板」。曾公亮《武經總要》有這樣的描述：

> 其制用榆槐木，廣狹準城門，漫以生牛皮，裹以鐵葉，兩旁施鐵環，貫鐵索。門闔五尺，立兩頰木，木開池槽，亦用鐵葉裹之。
>
> 若寇至，即以絞車自城樓上抽所貫鐵索，下插極於槽中。

在陳規《守城錄》中就可以找到從城牆上用絞車起放「懸門」的記錄。而且，北宋雍熙元年（九八四年），喬維岳在淮安至淮陽間人工運河堰中就創「二斗門」，「二門相逾五十步，覆以廈屋，設懸門蓄水」，這與金明池北岸的「龍澳」情況何其相似！按喬維岳設「懸門」的時間計算，它在修龍船之先，前有榜樣，足資借鑑，設「懸門」以修船，應為順理成章之事。

據王應麟《玉海》記載：熙寧六年（一〇七三年），汴河就有啟閉有時的「水閘」。這些實例都會對如何解決隔斷金明池水入「澳」，和引水入「澳」以使船出這一設計思想產生積極作用。一言以蔽之，在大船塢設「懸門」以解決隔水、引水，當是較為合乎規律的。

然而，從張擇端所作〈金明池爭標圖〉來看，池北岸的「龍澳」上只有「廈屋頂」，卻無「懸門」裝置。張擇端如實寫照的「界面」之筆是不容懷疑的。經過反覆考證，筆者得出的結論是：黃懷信在浚通黃河時採用的「滑車絞法」，可以解決金明池船塢「懸門」的移動這一難題。

其方法，正是《宋史．河渠志》中所說：

> 以巨木長八尺，齒長二尺，列於木下如杷狀，以石壓之，兩旁繫大繩，兩端碇大船，相距八十步，各用滑車絞之，去來撓蕩泥沙，已又移船而浚。

已故的機械史專家劉仙洲將這種「滑車絞法」總結為「複式滑車法」。在宋人所畫的〈捕魚圖〉中，還可以看到這種方法的原型。其法可做這樣表述：

在杆上所裝的同一個軸上，裝上直徑大小不同的兩個滑車，使原動力一邊，即人搬絞車的一邊，轉動較大的滑車，再由同軸上的一個較小的滑車轉動，以牽動升降重物的繩索，這樣就可以用較小的力量吊動較大的重量，使「懸門」容易升降，並移到他處。

修大龍船的船塢的「懸門」，就是採取黃懷信所創的這種方法升降、移動的，所以在畫面上看不到「懸門」的裝置。

從船塢發展史的角度著眼，無論是張平還是黃懷信，他們都是在繼承前輩成就的歷史基礎之上有所創建的。他們恰恰生逢宋代科技文化昌盛之時，歷史的機遇使他們成為這一偉大

時代在建造船塢技術方面的一個傑出代表。

歐洲最早的船塢是一四九五年英王亨利十世時在樸茨茅斯才建立起來的，這是科學史家所公認的史實，那麼宋代的黃懷信所主持設計、監修船隻的大船塢較歐洲要早得多，它顯示了中國科學技術的早熟。更難能可貴的是，張擇端的〈金明池爭標圖〉對船塢做了形象逼真的描繪，從而為中國、也為世界留下了雄辯的船塢證明。

煙火略談

自火藥在中國發明以來，對火藥的研究便成了一門世界性的學問。研究者往往將焦點集中在火藥的發明年代、流布，以及由火藥而引起的燃燒性火器製作方面，對「煙火」的研究似乎不夠。記得李約瑟博士曾深有感慨地說：「至今沒有人寫出關於中國煙火的準確歷史。」筆者有感於此，故不揣譾陋，以近年收集來的「煙火」史料，排列對照，加以分析，認為只有把宋元明清時期的「煙火」發展軌跡、概貌弄清，才有可能寫出一部較為準確的「中國煙火史」來。

一

宋元，是「煙火」發展並奠定各項基礎的青年時期。

學者們對這一時期的「煙火」史料進行了網羅，作了不少精闢的論證，但是，迄今為止，宋代「煙火」史料中尚有一段相當重要的，完全可以說是表明宋代「煙火」已達到相當高水

準的文字，卻被長時間地遺漏了，這是非常令人遺憾的。筆者現就將洪邁《夷堅志》補卷第二十〈神霄宮醮〉這條史料轉錄如下，以填補這一缺失：

林靈素於神霄宮夜醮，垂簾殿上，設神霄五青華帝君及九華安妃韓君丈人位。至三鼓，命幕士撤燭立簾外，初聞風雷繞簷，若有巡索，繼見火光中數輪離地丈許翔走，空中仙靈跨躡龍鸞，環佩之聲鏗然可聽。俄聞雲間傳呼內侍姓名者，全類至尊玉音，擲下所書符籙，墨色猶濕，已而寂然如初。始復張燭，先列酒滿大銀盃，至是罄無餘瀝，果盤殼核滿地。是時都人相傳靈素神異，雖至尊亦敬嘆，不知所以然。葛楚輔丞相云：紹興末年，湖州旌林曹巡檢，京師人，故隸名宿衛，能談宣和舊事。嘗言鄭太師家命道士章醮，別有道人來，哂其無術，請鄭掃潔廷宇，先期齋戒，盛具鋪列。明日初夜，家人肅立廷下，內外謦欬不聞。忽仙樂玲玲，從空而來，乘彩雲下至祠所，伶官執笙簫合樂於前，女童七八人，履虛而行，歌舞自若，而神官仙眾逍遙於後。頃之，雲煙蔽覆，對面不相見。一大聲如淨鞭鳴蹕，隨即寂然，道人不復見，供器皆用金銀，並無一存。鄭氏知墮術士計中，又畏禁中傳說，謂其夜祭神，不敢誦言。蓋此夕為奸詐者，盡散樂也。煙雲五色者，以焰硝硫黃所為，如戲場弄獅象口中所吐氣。女童皆踏索踢弄小倡，先繫索於屋角獸頭上，踐之以行，故望見者以為履空。其他神仙，悉老伶為之，巡檢亦個中人也。然則神霄之事，疑若此云！

這條史料之所以重要，就是因為它披露了這樣一個事實，那就是作為火藥的主要成分——焰硝、硫黃的知識及製配方法，已被普通百姓所瞭解，所掌握，等於證實了北宋「甚危險駭人」的「吐煙火」等表演。不像有的學者認為的那樣，宋代「煙火」的出現不是由於紙扇松香而造成的，而是由焰硝即硝石與硫黃（還有木炭）均勻混合，裝置於器具，點火施放，遂形成「對面不相見」，和伴有「一大聲如淨鞭鳴蹕」的聲響效果。在西元十一世紀，中國人就能夠如此瀟灑像演戲一樣地利用「煙火」進行詐騙活動，這確實具有劃時代意義，無論從技術角度還是從文明角度，都可以最高成就載入世界編年史冊。

可是，「煙火」的出現，並未馬上運用於較為實用的軍事等領域，只是作為一種眩人耳目的新鮮玩意兒應用於慶典、節日。北宋首都東京上元燈節時，大眾娛樂節目是「添許多煙火」，商店也都歇業，眾人去看「煙火」。可惜的是，出現在話本小說中的此類「煙火」未寫明其種類和構成。但是，從曾公亮的筆下我們尋覓到了「煙火」的真實痕跡。據曾公亮記述，北宋有六種「煙火」類的火器，它們是火球、引火球、蒺藜火球、霹靂火球、煙球、毒藥煙球（假如再算入製法不同但作用相同的煆燒性火器鐵嘴鷂、竹火鷂，那該有八種之多）。

筆者認為，這六種燃燒火器，除卻其中的蒺藜、毒藥等具有殺傷、窒息的作用外，均可視作「煙火」類火器。試以「霹靂火球」的成分、製作和使用來看：先將火藥同鐵片一類的殺傷物拌和，然後用多層紙裹上封好，糊成球形硬殼，待其乾固後點燃使用。「煙球」則純粹是用火藥製造煙霧，以迷亂人的視野。這正和北宋末年眾多技藝會演時，「忽作一聲如霹靂」，「煙火大起」，「人面不相睹」的效果類似。如《朱子語類輯略》卷八中的一句話：「如裝鬼戲，放煙火相似，只遮人眼。」也就是說，運用「霹靂火球」、「煙球」的原理、方法製造「煙火」，在當時已是很普遍的了。

從曾公亮的記述中，我們還可以得知：發射燃燒性火器，是將它放進「炮」即拋石機的甩兜中，再用燒紅的通錐、鉤錐或烙鐵，透入球殼，然後拋射出去，瞬間，球內火藥由烙燒的球殼引燃發火，於是，燃燒性火器的發射也就成功了。北宋時專門發射燃燒性火器的炮就有十四種之多，它們是「炮

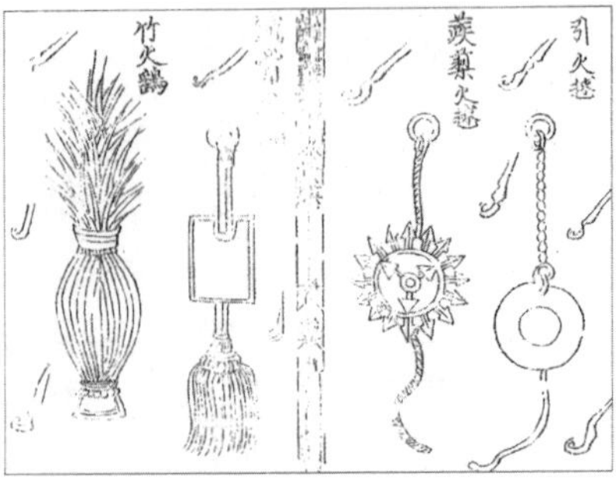

宋《武經總要》中煙火器圖

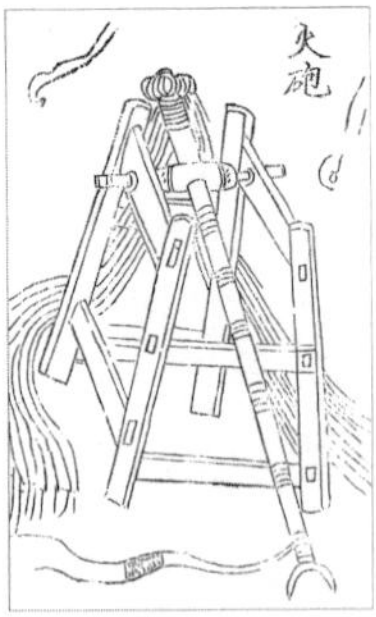

宋《武經總要》中火炮圖

車」、「單梢炮」、「雙梢炮」、「五梢炮」、「七梢炮」、「旋風炮」、「虎蹲炮」、「拄腹炮」、「獨腳旋風炮」、「旋風車炮」、「臥車炮」、「車行炮」、「旋風五炮」、「合炮」等。

由於這些炮具備向上拋射很高的功能，也同樣適用於大規模的慶典活動。北宋大型園林「艮岳」告成之際，特舉行「煙火」晚會祝賀。其燃放場面就是：「煙火起於岩竇，火炬煥於半空。」這種「煙火」明顯不同於技藝表演中的「就地放煙火之類」，它能升入「艮岳」假山「腰徑百尺」那樣的高度，乃至天空中爆炸燃燒，當然屬於大型發射器具──炮。

還有史料可以佐證，南宋臨安州府每年春季檢閱軍伍活動，「試炮放煙」是例行的一項。每逢八月十八日觀潮時，都統司也要在潮來之前布置部隊，乘戰艦，於水面往來，施放五色煙火炮。一時黃煙四起，人物不能相看見。以上可知，用炮放大型「煙火」，在兩宋期間已不可缺少。

特別值得注意的是，自北宋起，已能燃放色煙、聲響兼具，有人物形象的「煙火」了。其燃放過程可以從宋話本〈燈花婆婆〉窺見大概：「吹得那燈花左旋右旋，如一粒火珠相似。」養娘笑道：

「夫人，好耍了，煙花兒活了！」話猶未了，只見那燈花三四旋，旋得像碗兒般大的一個火球，滾下地來。咶的一響，如爆竹之聲，那燈花爆升，散作火星滿地，登時不見了，只見三尺來長一個老婆婆。

這「燈花婆婆」，可以視為宋代初期「人物煙火」的一個樣式。

南宋時此類「煙火」則更進一步，「火戲兒」已開始與燒煙火、放爆仗、藥法傀儡相並列。其樣式為「鍾馗捕鬼之類，內藏藥線」的大型「屏風煙火」，一次點放，能達到「百餘不絕」的地步。這種含有多種人物場景，提高市民欣賞趣味的「煙火」，傳遞出了「煙火戲」的早春訊息的來臨。

此外，在異彩紛呈的藝林，「藥發傀儡」頗有市場，否則，「李外寧藥發傀儡」絕不會列入《東京夢華錄》中。在東京四月八日「浴佛節」，曾展示過「藥發傀儡」的生動性，「迎擁一佛子，外飾以金，一手指天，一手指地，其中不知何物為之。唯高二尺許，置於金盤中，眾僧舉揚佛事，其聲振地。士女瞻敬，以祈恩福。或見佛子於金盤中，周行七步，觀者愕然。今之藥傀儡者蓋得其遺意」。加之傀儡演出，「或見端嚴奇特，或見醜陋不堪，動轉行坐，青黃赤白」，可謂「如真無二」，「百憐百悼」，以此推及「藥發傀儡」，自然煙雲聲響俱全，形象必然妙趣橫生。

在南宋，這種「藥發傀儡」在臨安七十餘種的「大小全棚傀儡」中仍占有一席之地，這表明「藥發傀儡」是很受市民熱愛的。至於其他「煙火」樣式，「起輪、走線、流星、水爆」等，已達到了「不可指數」的程度，在民間普及開來。如作為一種小商品出售的「藥線」，臨安市民將它買來放風箏用，「賭賽輸贏，輸者傾折三二兩藥線，每日如此」。

誠如潘吉星先生所言：

> 藥線是引爆或串連煙火、爆仗、火箭裝置的重要部件，由含硝量高的固體火藥製成。它可控制起爆時間，提高使用火藥裝置的安全性。沒有藥線，就談不上製造煙火和火箭。

而「藥線」在臨安市場上到處可見，市民們對「藥線」的作用諳熟，能把它運用到最為一般的娛樂活動中，這意味著製造含硝量高、含硫量低的固體「煙火」的技術條件、社會氛圍已經十分成熟。

此外，南宋已出現應召受僱於人而「呈藝」的專職煙火師。南宋詹無咎生動地描寫了煙火藝人高超的水準：

龜兒吐火，鶴兒銜火。藥線上，輪兒走火。十勝一門七星球，一架上，有許多包裹。梨花數朵，杏花數朵。又開放，牡丹數朵。便當場好手路歧人，也須教，點頭嚥唾。

這種出神入化的「煙火」技藝，在元代繼續發展，近年來，被學者們反覆徵引的趙孟〈贈放煙火者〉詩，亦相當生動地展示了元代「煙火」的水準，可使人不解的是，在國內元代典籍中卻極少找到「煙火」的軌跡。記錄元代文娛生活最為繁盛的大都的《析津志》中，只有一處提及「煙火」。假如大都不是首都的話，恐怕這一處也不會有。

筆者為此做過努力，但所獲幾近空白，只在陳元靚的筆下找到一條線索，其文云：

玄參三兩，用蜜一兩，水二升，慢火煮乾，入甕合理，露地五日，取出。入焰硝一錢，重同研，臘乾，以梔黃紙包，撚作線焚之，絕肖梅花。

這是宋代「藥線」的餘韻，類似今天的「仙女棒」，應算是「煙火」的一種。

從事物的發展規律來講，元代「煙火」似應在宋代的基礎上有所進步，可是為什麼有關

「煙火」的記載卻少於宋代？較為合理的解釋是元代戰爭連綿，尤其是元代的西征，攻堅克銳，這樣就使元統治者將火藥主要投入征戰上，而不可能像崇尚文化的北宋和偏安一隅的南宋那樣，將火藥的大部分投放到娛樂性的「煙火」之中。因為，製作「煙火」必像製火藥一樣，獲得了「煙火」的祕密也就等於獲得了製火藥的祕密，所以，元統治者對製「煙火」控制很嚴，使之較少被頻繁公開地燃放。

但不能因此說元代就沒有「煙火」了，更不能因此說元代「煙火」水準要低於宋代。反之，根據已有的「煙火」相同於火藥製造的原理去推斷，元代「煙火」絲毫不弱於宋代的「煙火」。元代中國周邊國家，不都是從中國獲取火藥的嗎？如高麗王朝的軍事科學家崔茂宣，就是向粗知焰硝採取方法的元代商人李元「諮問」，才掌握火藥技術的。自此，高麗國「始設火都監，煎取焰硝」，當時能製造的火器達十七種之多。其中當然不乏「煙火」品種，或者在一定程度上說，這十七種火器均具「煙火」性質。

在西方的史料中，也許還可以尋覓到更多的元代「煙火」的影子。歐洲獲得火藥的途徑不就是由西征的元軍傳入的嗎？在這方面，歷史學家馮家升有過精闢的述論，科學技術史專家潘吉星的探索更是富有啟發性。他認為一二五八年元統治者在阿拉伯地區建立的伊兒汗國中的敘利亞人哈桑，在一二八〇年左右所著的《馬術的戰爭策略大全》記錄了種類繁多的「煙火」，如「茉莉花」、「月光」、「日光」、「黃舌」、「起輪」、「流星」、「白睡蓮」，黃、綠、白、紅、藍五色煙，「中國花」、「中國起輪」。這實際證明了中國元代的「煙火」種類是相當豐富的，而且大量傳入龐大的元帝國所轄的阿拉伯地區及歐亞地區。

特別是在《元史》上，還有著這樣的蹤跡：至正十年（一二七三年），回回人亦思馬因，隨元軍攻打襄陽城。由他督造了能射一百五十斤重的火藥包投擲機，即人們通常所說的「襄陽炮」，或「西域炮」、「回回炮」。這種大炮拋射火藥包的力量是很大的，「聲震天地，所擊無不摧陷，入地七尺」，使宋軍極為恐慌而降。當時製造類似「襄陽炮」的工匠還有西域木發里（今伊拉克）人阿老瓦丁，他與亦思馬因同時應元世祖之召，從各自所住國家來到北京「試炮」。

這就告訴我們，中國元代的火藥技術知識流傳很廣泛。不難想見，這種用拋石機發射的火藥包，當然也包含有自宋以來的煙球、火球之類的燃燒性火藥器，它當然也可以移於「煙火」的施放。而後來的「煙火戲」之所以把「襄陽炮」當成長久的保留節目，無非是從「煙火」的視角去看待它，是著眼於這種巨炮所包容的「煙火」性質。

二

明清時期，堪稱「煙火」全面成熟的盛期。

在明代，製火藥的主要材料硝石，「相當多，但並不廣泛用於製備黑火藥。因為中國人並不精於使用槍炮，很少用於作戰。然而，硝石卻大量用於製造焰火，供群眾性娛樂或節日時燃放」。甚至一旦年節臨近，人們就要「撮弄開個火藥鋪子」。正像一位阿拉伯人所見的中國明代那樣：

> 煙火十分普遍，老少都會製火藥，人人皆知造煙火。

因而「煙火」品種繁茂，較有代表性的「煙火」達二十一種之多。

製造這些「煙火」所需的硝石、硫黃、炭的數量，在典籍中交代得一清二楚，製作步驟明確。在此基礎上，清代又推出一些新品種：「倒垂蓮」、「大梨花」、「一枝梅」、「一丈菊」、「千丈梅」、「映雪梅」、「金絲菊」、「垂帶柳」、「灑蜜蜂」、「寶珠茶」、「小葉梨」、「千葉梨」、「石榴姣」、「葵花」、「孩兒奉花」、「珍珠傘」、「木樨花」、「菊插枯梅」、「大牡丹」、「大木香」、「落地桃」、「落地梅」、「大蘭花」、「金線鉤銀蛾」、「金海棠」、「洞口梨花」、「撒珍珠」、「三春柳」、「一丈蘭」。這些「煙火」

藥量都不大，基本屬於百姓家用小「煙火」。

供大眾觀賞的由火藥為動力，配之以傀儡表演的「藥發傀儡」，在明清有了長足的進展。所謂「口裡噴出火來，鼻子裡濃煙迸出，閘閘眼，火焰齊生」，只不過是「小把戲」一樁。清代已將這一「煙火」樣式的製作發揮到了極致，簡直活靈活現：

先是兩串百子響鞭，隨後一陣亂落如雨的金星，忽有大光明從「煙火盒子」放出，照得針芥畢現。這時，手牽耕牛的牛郎木偶，斜倚織機的織女木偶，才緩緩下垂。接著，「乃有無數轉貫球雌雄的閃爍盤旋，護著一條青龍，翔舞而下，適當牛郎、織女之間。隆隆者鼟易羯鼓作爆豆聲，銅鉦喤然應之，那龍口中吐出數十月炮，如大珠小珠，錯落滿地，渾身鱗甲間冒出黃煙，氤氳醲郁，良久不散」。而且，那龍還可以顛首掀尾，翻百十個筋斗，「不知從何處放出花子，滿身環繞，跋扈飛揚，儼然有攪海翻江之勢」。待牛郎、織女木偶表演，更是驚人，只見：

就於掌心飛起一個流星，緣著引線，衝入箱內，鐘魚鐃鈸之屬，吣剁叮噹，八音並作。登時飛落四十九隻烏鵲，高高低低，上上下下，布成陣勢，彎作橋形，張開兩翅，兀自栩栩欲活。

待樂人吹起嗩吶，牛郎舍牛而升，織女離機而上，恰好相遇鵲橋，於是兩個人，四十九隻烏鵲，以及牛郎所牽的牛，織女所織的機，一齊放起花子來。這花子更是不同，朵朵皆作蘭花竹葉，望四面飛濺開去……

從宋代「火爆」脫胎而來的「水上煙火」，在明清也有了劃時代的突破。在明代北京中元之夜，各寺廟均縛「煙火作鳧、雁、龜、魚」等，放入蓮花中點燃，水火同時激射。大學問家李開先曾在白天看過這種「水上煙火」，他認為「製造繁華，不減夜間」，特為之賦詩道：

紙船藏火藥，搖曳綠陰傍。熾焰燔危岸，飛煙掩太陽。

炮驚魚出沒，花炫鳥回翔。再赤周郎壁，欲從李相莊。

巧技傳京國，載舟戲水傍。縱焚鏖赤壁，飛炮破襄陽。

照浪魚龍駭，飄煙燕雀翔。升平多樂事，偏集太常莊。

從詩可見，「水上煙火」是很精彩的。它的製作也不同於那種陸地上燃放的「煙火」。

除所需硝、磺、炭、班貓、白砒、潮腦、水馬外，還要撚若干麻線，將薄棉紙裁成一寸寬許的直條，將麻線順鋪紙上，放入信藥，照平常加粗兩倍，撚成圓條，接續相連，不讓其斷。還要用礬水、麵糊，周圍抹過，曬乾，使之成硬條，以免散開，外用熟油紙為衣，再用長短不拘、截斷的毛竹，上下接連套合，湊長可達數十丈，以接就藥線，入竹筒內，隨套隨穿，務必與統眼火藥相連，隨機點放，便可以過水入雨，不能被破壞了。

由於這種「水上煙火」具有很強的抗浸泡潮濕的性能，明代皇家就將它用於「籍田」祭祀中。因為這一大典要表演出雨水傾盆、雲煙密布的效果來，於是由教坊優人裝扮為雷、電、風、雨、雲、龍、土、谷諸神，藏在棚內虛處，下面放置異香、諸煙藥、巨鼓、火線，以準備臨時施放，待主持官員報一聲「雨生」，於是虛處煙霧四塞，鼓聲彭彭震，起火線勃發，先掣數丈，霹靂之聲交加，上藏水匱，倒傾如沫，凡棚內逾裡無不沾潤」。好久，雨止了，煙也漸漸熄滅了。

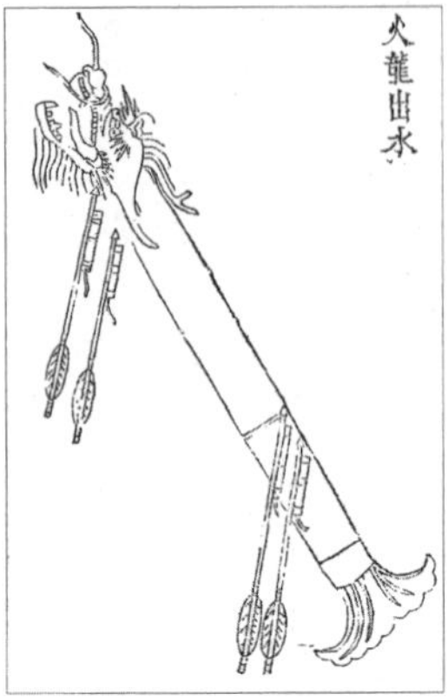

明代「水上煙火」式樣

「水上煙火」原理也同樣適用於水上燃燒性火器。名將戚繼光就製成了這樣的水上燃燒性火器：滿天煙噴筒、火磚、火妖、飛天噴筒、大蜂窠等。這些火器火藥成分與一般的「煙火」無甚差異，只是將藥線裝入一個細竹管內，直插於火器的腹內至底方透火器，毫無閃滅之事。從戚繼光在東南海戰取得多次勝利的記錄來看，可以肯定地說，水上燃燒火器在打擊倭寇時還是發揮了很大的作用的。像「神火飛鴉」、「火龍出水」、「水底龍王炮」等水上燃燒性火器，使我們看到了「水上煙火」另一面的作用。

從明清「煙火」整體狀況來看，它的突出成就是「煙火戲」。它衝破了宋元那種只有個別人物形象的「煙火」的藩籬，向著製作更加複雜、表演成組場景的「戲」的方向邁進。明代的「煙火戲」就開始有：劉關張三顧諸葛亮、張翼德葭萌戰馬超、八仙捧壽、七聖降妖、樓臺殿閣、村坊社鼓、貨郎擔兒、鮑老車兒、五鬼鬧判、十面埋伏等。

清代的「煙火戲」更是名目繁多：日月合璧、五星聯珠、雙鳳朝陽、二龍戲珠、海市蜃樓、回回獻寶、麒麟送子、獅子滾繡球、八仙過海、二仙傳道、東方朔偷桃、張生戲鶯鶯、呂布戲貂蟬、敬德洗馬、單雄信奪槊、華容道擋曹、張飛喝斷當陽橋、張果老倒騎驢、呂純陽醉扶柳樹精、韓湘子化妻成仙、費長房入壺、月明和尚度柳翠、孫悟空跳出五行山、陳摶老祖大睡覺、老子騎牛過函關、哪吒鬧海、周處斬蛟、楊香打虎、羅漢降龍、王羲之愛鵝、蘇屬國牧羊、莊子蝴蝶夢、八戒蜘蛛精、張仙打狗、和尚變驢……這麼多名目，讓人記也記不清，說也說不完。

這類「煙火戲」的製作基本是用竹為骨，也可以根據大小貴賤用銅絲、鐵絲為骨，用刷過層層礬水的特殊桃花紙等為衣，麻線為筋。若做樓臺拱柱，只需在藥以外套以紙筒，便粗壯相似。做人物禽獸，橫骨用竹圈，直骨用線，再裝入用途各異的哄藥、緊藥等，製成各種不同的場景，再染以彩色，或大或小，或方或圓，折扁成「軟器」，外再加紙筒，便可點燃發射到天空中展開施放了。這類「煙火戲」的圖像較為固定、單一。

有變化的「煙火戲」則是運用幾種「煙火器架」同時放射。清代有一豪富之家燃放的「煙火戲」，就已到了這種水準：

隨有千百爆炸聲齊響，已掛出無數的煙火：一邊是九連燈，一邊是萬年歡；一邊是炮打襄陽城，一邊是火燒紅蓮寺；一邊是阿房一炬，一邊是赤壁燒兵。

這就需要根據藥方的厚薄，器口的向背，火力的久暫，相間的遠近，對列的高低，藥線的遲速，加以排列組合。

為了烘托氣氛，這種「煙火戲」中還雜夾著從四面八方而來的百獸，只見它們：

盡是五色綢紗糊的，彩畫得毛片逼真：一邊馳出一隊象燈，一邊馳出一隊虎燈；一邊馳出一隊犀牛，一邊馳出一隊獅子；還有黑熊、白兕、赤豹、黃羆，奇奇怪怪，約有數百。足下都有四個小輪，用人拉著飛跑，鼻裡生煙，口中吐火，如雷轟電掣，地塌山崩，看得子玉等神驚膚栗。這邊百獸，那邊群龍，合將攏來，黑霧沖天，火光遍地，大有赤壁鏖兵之勢。

還有如百道電光，穿繞滿園的火鳥、火鼠。

這正是「煙火戲」中的「雜耍」，「或單放或入劇中，上竄下躍，旁飛側舞，令人心賞目醉」。它們的製作可以用「壺盧」、「核桃」、「白果」、「松榧」的「果殼」，也可用「小鵝」、「印斗」的「紙殼」；可用「瓶盎」、「土鼠」、「金蟾」之類的「泥殼」，也可用「木雞」、「狗馬」之類的「木殼」，甚至花盆、花籃，都可以「藏藥為戲」。而清代這豪富之家所燃放的「煙火戲」，就充分體現出了這種「煙火雜耍」較為完整的面貌。

明崇禎本《金瓶梅》第四十二回插圖：逞豪華門前放煙火

「煙火戲」的最高層次，則是將幾種不同的「煙火戲」，裝入同一「煙火筒」中發射至空，先後燃放。它們有的「初為八仙飄海，繼為跑馬扒城；最後見寶塔一座，凡七層，玲瓏透闢，門戶分明，旋又見長幡約丈餘，四周有飄帶」。有的先噴高三丈，墜地如金錢的「花爆」，後懸一徐徐而上，燃火線的盒子，由盒子「忽煙焰噴薄，盤矯而下，現五彩花籃。頃之，又現一樓船，玲瓏蕩漾。又久之，現葡桃一架，光青碧可愛」。

這樣幾種形態各異但又同時燃放的「煙火戲」，其製作是相當複雜的。它不是僅有單一圖像的「煙火戲」的湊合，而是集用途不一的火藥、控制燃燒速度的藥線、優良的紙衣、多樣的器具、間隔的「底托」等於一身。只有具備了這些條件，才能完美地組成各式「煙火戲」的會演。而所有「煙火戲」表演中，規模最巨、耗費最多、時間最久、場面最精的，非皇家莫屬。因為它可以召集最好的煙火匠，動用大量材料、紙張，精心特製「煙火戲」。在這方面，清代皇家燃放的「煙火戲」可為代表作：

康熙二十四年（一六八五年）元夕，在南海子呈現出了「若珠簾焰塔，葡萄蜂蝶，雷車電鞭，川奔軸襲，不一而足。又既則九石之燈，藏小燈萬，一聲進散，萬燈齊明，流蘇葩璠，紛綸四重」的「煙火戲」盛景。「煙火箱子」中竟鼓吹並起，簫韶屬棄，次第作響，火械所及，節奏隨之。霹靂數聲，煙飛雲散。最後一個「煙火箱子」，「有四小兒從火中相搏墜地，炮聲連發，別有四兒花襠，杖鼓拍板，作秧歌小隊，穿星戴焰，破箱而出。翕倏變幻，難以舉似。然後徐辟廣場，有所謂萬國樂春臺者，象四征九伐，萬國咸賓之狀。紛紛揮霍，極盡震炫而後已」。

康熙年間的揆敘所寫的詩歌，也再現了幾出「煙火戲」如何同時燃放的景象：

祕方傳得細修治，百巧千奇國工擅。或懸高架或深埋，或貯錦函藏不見。
歌停酒半月欲舞，忽吐微光細如線。一聲霹靂火城開，萬象空中爭湧現。
忽成華樹忽樓臺，忽作城垣忽宮殿。忽如士女共遊嬉，忽若魚龍爭曼衍。
忽然砰訇殷山谷，伏兵四起相攻戰。忽然一騎冒火入，亂掣長虹走飛電。
炮車下震地軸搖，星球上射天頂穿。

這種一齣接一齣的「煙火戲」，就是用所謂的「底托法」，又名「隔火法」製成。因為多齣「煙火戲」容入筒中、箱中或盒中，每戲必須隔火間之，使一戲之後再現一戲。既有先後，又不至於一起燃燒，就要根據每戲的大小，或方或圓，中為井字，或外糊礬紙做成底板即「底托」。藥線與過渡的藥線須總打一藥辮，繞縛在「底托」的線十字上盤數轉，以便火到則十字縛口自焚，而底線自落，「煙火戲」就自然墜現了，無須人力挑撥。後一齣「煙火

戲」頂線在前一齣「煙火戲」「底托」外的藥辮上，再用過渡藥線作引，便可以了。

但是，若想使「煙火戲」多姿多彩，光有「底托」還不夠，還需要配製多種「雜藥」。清代的煙火巧匠們對火藥中摻入何種「雜藥」已掌握得非常透徹，它對今天的「煙火戲」的配製，仍是有益的、可貴的借鑑：

用瓜皮棘刺燒灰而入火，愈著其功，蜀葵根風吹不滅，胡桃火久藏猶存。禽蟲之屬，鷹睛達雲，猯膏入地，江猯骨逆風不回，猾獸髓入水生火，螵蛸末載藥力而浮水，叩蟲屑取藥少而跳空，海鰍、油鱔、尾血入水如飛，虎骨髓、山羊膽乘風能躍，蜻蜓橫飛，斑蝥旁裂。水馬竄水，水藥用之；鯪甲透山，地藥用之。螢取其光以生明，蚌取其口以閉竅。蜈蚣用其鉗，蠍虎用其尾。蛛采其絲入藥而煙光分布，蜂用其窠入藥而花朵分明。

在「煙火戲」中，由一物變成另一物的現象是很頻繁的，有「單變」、「雙變」、「層疊變」等。如「魚化龍」、「金錢變蝴蝶」，這是「單變」。「二仙傳道」、「雙龍戲海」，末後又各變一物，這是「雙變」。「蟠桃壽星」初見是蟠桃，桃開變出大壽星，大壽星手中執桃，開的是小壽星，大壽星又不見了，這是「層疊變」。製作這種可以變化的「煙火戲」，須注意「合紙口得法，使其火到易裂，見後則前滅，並不留渣滓才行。這就需要注意先後次序，層疊開合，度線安藥，尤要巧妙，否則畫虎不成反類犬」。

而在「煙火戲」中的形象之所以能動起來，能升能竄，主要在於精心計算，適量安排。像「仙人招鶴」，則需先在隔垣置鶴，算準位置，藥力一升，即可到仙人「煙火器」前，至期待仙臂轉輪時，令人隔垣燃鶴，線藥自發飛入垣內。如「地湧金蓮」，需預先埋地筒，暗渡藥線，然後發射。「蕭史乘凰」，裝藥後需算器身的輕重，與藥力相稱，才能飛出招凰。大約藥力重輕上升，可以一升十傍升，如藥一兩可升十兩。

以上史料，使我們大致瞭解了清代「煙火戲」主要的構造、用藥、發射程序等，可以說清代的「煙火戲」已達到了盡善盡美的程度。由於設計得巧妙，有的「煙火盒子」竟能包容十六齣之多的「煙火戲」，這在中國「煙火戲」歷史上是空前絕後的。

三

縱觀宋元明清「煙火」的歷史，不難發現，「煙火」主要是出於娛樂目的而被廣泛製造和燃放的。這正像利瑪竇觀察的那樣：

中國人非常喜歡這類表演，並把它當作他們一種慶祝活動的主要節目。他們製作焰火的技術實在出色，幾乎沒有一樣東西他們不能用焰火巧妙地加以模仿。他們尤其擅長再現戰爭場面以及製作轉動的火球、火樹、水果等，在焰火上面他們似乎花多少金錢也在所不惜。我在南京時曾目睹為了慶祝元月而舉行的焰火大會，這是他們的盛大節日，在這一場合我估計他們消耗的火藥足夠維持一場相當規模的戰爭達數年之久。

就在利瑪竇為我們描繪出中國人的「煙火像」時，世界的西方——歐洲正悄悄地但又是劇烈地發生著一連串的變革。在義大利、德國、法國，科學技術研究社團相繼問世。在整個歐洲，天文學、數學、力學、物理學、氣象學、地質學、生物科學、醫學、建築技術、蒸汽機、機械計算器，甚至因技術而引發的社會科學都邁開了矯健的步伐。一句話，在這個時期裡，「前人在科學、技術和哲學等領域的成就都被恰當地吸收了，不僅如此，它們還被朝許多方向大大推進了」。尤其和「煙火」有關的化學領域，此時步入了科學階段，它逐漸擺脫了煉金術的思想方式。實驗工作、切合實驗結果的解釋，逐漸取代依據不充分資料進行的大膽猜測。由於萊伊、虎克、拉瓦節和梅奧等人的努力，煅燒、燃燒、呼吸和發酵等問題都達到了接近解決的水準，並且，布蘭德和波義耳各自獨立地發現了磷。波義耳還賦予了「元素」、

「化合物」和「混合物」等術語以切實的含義。

可是，在中國，明清統治者的故步自封，沒有把「煙火」推向更深一步的科學實驗境地，仍然沉醉於「煙火」的怡情娛樂之中。如乾隆慶祝八十壽辰時，諸般技藝演出就大量運用了「煙火」機關，像滿族〈五福舞〉，到施放「煙火」時，點動引火，瓶口上端立刻冒出雲煙。經藥銃發射的硫黃球，形似一輪紅日隨雲煙升空。《金山》的〈奏樂〉一戲，則由「煙火」化作的祥雲在半山間浮蕩，又準確地布於王母和仙女的足下，以表示「紫氣東來」……

民間則像秦淮河上燃放的「煙火」那樣，「向為河上大觀，水鴨、水鼠、滿天星、遍地錦、金盞、銀臺、賽月明、風車、滴滴金，不一其名，不一其巧。曾憑紅板橋欄，望東水關及月牙池前，燈影燭滅，爆聲濺水，升平景象，圖繪難憮」。尤其年節，人們展開放「煙火」的競賽，明代有的縣城要連放三日方休。

在這方面，又以清統治者為甚。他們不惜將一筆又一筆鉅資化為滿天雲彩。嘉慶十八年（一八一三年），「造福海煙火

明〈憲宗元宵行樂圖〉（局部）

法船一分，七夕、孟歲等項炮仗，以及山高水長煙火盒子，花炮並後湖小煙火二分，統計二十萬二千七百三十七件，按例需用銀四千三十兩二錢八分一釐八毫。並次年正月應用白日盒子一架、七尺千葉蓮盒子一架、六尺盒子四架、花炮、起火等計二十萬四千七十五件，照例需用銀四千一百二十九兩八錢六分七釐一毫」。正是由於耗資巨大，一向以奢侈為能事的嘉慶在每次燃放「煙火」時也不得不考慮節省使用。

富可敵國的兩淮鹽商們則瞅準這一機會，投其所好，向皇家供奉許多江南製造的「煙火」精品，它們包括：

七尺煙盒七架、喜慶燈簾七對、百果呈祥五架、四尺煙盒十架、三尺煙盒十架、尺六煙盒十架、七寸煙盒二十五架、金錢炮三十匣、小鞭炮二十匣、金絲菊二十匣、六合同春十匣、百福拱壽十匣、螽斯衍慶十匣、瓜瓞綿綿十匣、百果呈祥十匣、大吉葫蘆十匣、流傳萬代十匣、劉海戲蟾十匣、金鱗集錦十匣、鴛鴦獻瑞十匣、一統萬年十匣、萬福攸同十匣、群仙祝壽十匣、千秋萬載十匣、仙果獻瑞十匣、平安吉慶十匣、三報宮花二百五十個、金盆撈月二百五十個、頭號起火五百枝、中號起火五百枝、大小花筒一千個、大小炮竹一萬個。

從這些供奉的「煙火盒子」，可略見皇家燃放「煙火」靡費之一斑。皇家對「煙火」的熱衷，使「煙火」業分外發達起來。明代王恭廠火藥局一次爆炸，擊壞西城三條街，傷百餘人，從西直門樓上望去，周圍三四里一帶不剩一片瓦。這反映了明代「煙火」製造規模是很大的。

清代佛山一地煙花爆竹的作坊竟達二十餘家，赫然與其他日常消費作業並列。甚至小縣城的「煙火」也能放出北京等大都市所沒有的品種來，「如缸花、盒子燈、起花牌、文武鞭、三耀明、二起焦燈、花炮、飛鼠、煙龍，不下十餘種」，足見「煙火」製造普及之廣。

「煙火」本來可以與軍事火器的研製緊緊相連的。戚繼光所統率的部隊中，每一營都要部署一名「火藥線匠」，這已經是將「煙火」運用於作戰。可是「煙火」發展的路子卻在很大程度上向娛樂方面傾斜。南明弘光年間，馬士英曾向福王進貢了一架價值五百金的「煙火」，點放之際，「煙藥中機造飛龍」，圍繞殿柱騰躍，福王見狀大加褒獎，於是，諸閣臣又供進了一架。這種「飛龍煙火」，已屬「火箭起火之制」。

然而，「煙火」並沒有被深入開掘研製，致使中國的軍事火器遠遠落後於西方。在這方面，有很沉痛的教訓。比如明萬曆時浙江的戴某，好與西洋人爭勝，曾造一鳥銃，形若琵琶，凡火藥鉛丸，皆貯於銃脊，以機輪開閉。其機有二，相銜如牝牡。扳一機，則火藥鉛丸自落銃中，第二機隨之並動，不激火出而銃發，可射二十八彈。戴某本擬獻於軍營，可是他卻夜夢神的呵斥：上帝好生，如使此器流布人間，子孫要遭報應！戴某因害怕而中止了這一念

頭。這一史料相當逼真地勾勒出了當時社會所籠罩的，寧可因循守舊於娛樂，也不願意冒風險將「煙火」原理發揮、運用於新的發明創造上的文化氛圍。

清代有識之士已經認識到了這一點，不斷提出用「煙火」製作技術造攻戰武器的建議，並付諸實踐。光緒年間九江就有一「煙火」匠向省官獻上一種能施放五里之遙的火箭，可是僅因為試驗時達不到預定的標準，就使這位官員得出了「其言失實」的印象。這說明積極進步的創意是很難衝破由長期穩定的以皇權為中心所形成的固定意識的。官宦想的是如何在「煙火」的娛樂性上下功夫，以媚上而「進身博官」；而皇帝只會對向他們頻頻燃放的「煙火」所表示出來的殷厚敬意大喜不止，很少念及如何將「煙火」向軍事火器轉化。

民間放「煙火」較為普遍的作用是祭神。清代《點石齋畫報》對此有著傳神的描繪。由放「煙火」祭神造成禍害也是屢見不鮮的。光緒二十一年（一八九五年）春，天津草廠庵舉辦「煙火」祭神，「煙火」懸南馬道，其藥線蜿蜒數十丈。「大士像」的泥手插有香枝，枝端燃著，會頭以藥線一端，恭獻「大士像」前，就火點燃，就好像是神仙點燃「煙火」似的，瞬息之間出庵，急行銳進，即達南馬道。觀者爭睹，可忘了立足之地也是「煙火架子」陳列之處，正好在水中央，道的左右，均為秋潦，道寬僅可行一人，像獨木橋。因「大士像」親放「煙火」為空前舉動，小家碧玉、貧戶婦女，紛紛赴水濱瞻仰，結果人一擠，纖足女流自然要遭到踐踏的厄運，死狀慘不忍睹。

與此同時，在西方，拉瓦節使化學系統化了；用於氣體的收集和爆炸、燃燒和煅燒的實驗、水的合成等各種用途的重要裝置先後發明出來了；確證了品質在化學變化中的守恆；化學的命名法做了改進，並逐步標準化。這個時期的一些第一流化學家，還引入了新的織物漂染的方法。這個世紀結束之前，西方在化學工業方面已開始大規模生產硫酸和堿。

儘管在這一歷史時期的中國小鎮上，「煙火」的燃放，已達到了神出鬼沒的境地：

> 巨響爆裂，桶底脫矣。鬼趣分明，閻羅活矣。
> 續第二響，俘拿破崙；滑鐵盧戰，萬馬千軍。
> 第三第四，層出不竭；五花八門，觀者咋舌。
> 泰西電影，梨軒吐火。今以手工，尊獨惟我。

從「煙火」技術角度上看，這種「煙火戲」的製作水準是非常高的，但也僅此而已。儘管它已吸收了西方的一些景象，可是骨子裡卻沒有任何實質的變化，然而它卻仍以「今以手工，尊獨惟我」，揚揚自得地表白。這就較為典型地折射出了這一時期的中國，只看到海外

的一些表面現象但不深入吸收，以老大天朝自居的傳統文化心態。

當西方接受了中國傳入的火藥後，馬上製成火器，開闢出一個新的世界，或者說用它打通了外部世界，以致明代著名的自然科學史家方以智也將火藥當成從外國傳來之物。清代則更是一塌糊塗。英國人在上海滙豐銀行招待李鴻章時，為他燃放了一種忽海市蜃樓，忽孔雀展翅，忽成大廟的變幻多端的「煙火」，竟引得李鴻章大加讚賞，說「見所未見，可謂眼福不淺」。由中國人發明的「煙火」，卻在英國人手中放出了異彩，從而引得中國最高官僚的讚賞，這真是辛辣的諷刺。但它卻是史實，反映清代的落後已到了無可救藥的地步。

此刻的西方，一本又一本的科學理論著作，排著長隊來到世間，爭相用科學的語言構築新的歷史時期的基石，新型的化學工業大廈，已經在西方破土動工……可是，在中國，唯有趙學敏的《火戲略》，形單影隻地步入技術科學的殿堂。這一時期的中國，仍然步履悠閒地在宋元鋪就的傳統「煙火」園圃中，日復一日，年復一年，不憚煩難反覆製作著昔日的輝煌，並轉化出一些新的花樣來，若「砉若雌霓起，霍若閃電驚」。看去「千花萬花生」的「鐵花煙火」，就是「冶鐵既流，以大鐵瓢挹而灑之著樹間。輒迸火成花，灼爍奪目，此煙火又一變也」。保守的氛圍使人們不對「煙火」作任何非分變革的構想，尤其是明清統治者幾乎聽不到也不願聽到日益迫近的西方軍團那拍岸驚濤般的攻占新科學技術前沿的馬蹄聲……

從「煙火」進而發展製造火箭、飛彈，甚至噴氣式飛行器等先進火器的優秀人才是有的，從宋元以來就積累起來的這種「煙火」實踐是很豐富的，也是遠遠領先於整個世界的，可是明清的中國卻沒有把握住這一良好的歷史條件，也沒有正視歐洲科學技術挑戰的機緣。直到先進的西方用從中國傳入的火藥，轟穿緊緊封閉的古老城門時，中國這才如夢方醒，但為時晚矣。本來可以由製作「煙火」發展成為擁有世界上最早、最先進的火器的國家，卻在清代徹底走向衰敗的深淵，這是應該引起我們省思的。

圖畫小說中的車與船

北宋時代陸地運輸、交通工具，統稱為「般載」。界畫[27]大師張擇端，以其毫髮畢現的畫筆，在〈清明上河圖〉中再現了「般載」的逼真形狀：

畫卷端首，五頭小毛驢，背上馱兩搭木炭，行進在樹木夾峙的郊野小路上。在汴河虹橋上下，也有五頭小毛驢，它們背上馱的是圓滾滾的糧袋子。在第一個十字街道上，在大街小橋邊的大樹底下，各有三匹「方匾竹兩搭背上」的毛驢。在「孫家正店」前的一棵樹下，有人正從兩匹毛驢背上卸貨。這些馱著糧食或貨物的毛驢喚作「馱子」。如洪邁《夷堅志．夏二娘》所記，東京南薰門每早都有騾馱麥子聯翩而來。

在虹橋上，有一獨輪車馳下。與之相呼應的是畫卷另一端的護城河平橋上，也有一輛獨輪車，同樣是一人在前，一人在後，一頭小毛驢在前奮力拉著。這種車正是《東京夢華錄》中的「前後兩人把駕」、「前有驢拽」的「串車」。這是小串車，往往作「賣糕及糜之類」用。

也有大串車，在懸掛著「新酒」幌子的「腳店」前停著一輛卸了貨的大獨輪車。在離汴河岸畔不遠的一家小食店前，也停著一輛獨輪車，一個店主模樣的人站在支在車輪前的小梯上，看車上的貨物。顯然，這樣的大串車，也可以「搬載竹木瓦石」的。

也有人用這種串車推運輕軟貨物，如在寫有「劉家上色沉」字樣的商店前，也有一輛這樣的串車經過。在迎面一爿「錦帛」鋪前，也有一人站在一輛較小一點的空串車後面。可以斷定，這種串車是用於一般的小商店拖運貨物的。

在第一個十字路口道上，走來一輛兩頭肥牛拉的帶有棕蓋的大車。《東京夢華錄》對這種車做過詳細描述：「兩輪前出長木作轅。……以獨牛在轅內項負橫木，人在一邊，以手牽牛鼻繩駕之。」此車喚作「平頭車」，又作「宅眷車」。

陸游《老學庵筆記》載：「京師承平時，宗室戚里歲時入禁中，婦女上犢車。」劉斧《青瑣高議》別集說：一喪妻書生有一日出東京宋門，見一輕車駕花牛行於道中，車上有一婦人叫他。這些表明這類牛車主要是供婦女乘坐的。

在第一個十字路口的房脊後，顯露出來的一個牛車側面亦表明了這一點。只見它：棕毛蓋厚重，車上有描畫精緻類似娛樂場所的那種門、欄杆和垂簾。這與《東京夢華錄．皇后出

27界畫：中國畫法之一，作畫時用界尺引線，用以畫建築等物。界尺，一種中間有凹槽的尺，作畫時，一隻手同時持有毛筆和筆尖卡在凹槽內用來支撐的「筆」，用手帶動毛筆，可畫成較為平直的線條。

乘輿》可互相參照：

餘命婦王宮士庶，通乘坐車子。如擔子樣制，亦可容六人。前後有小勾欄，底下軸貫兩挾朱輪，前出長轅，約七八尺，獨牛駕之。亦可假賃。

這種車還有一種用途，請看：「王員外家」招牌前，有一輛兩隻騾子拉的「平頭車」，車上有兩個如《東京夢華錄》所說的「梢桶」或「長水桶」，此為酒店載酒車。在護城河的平橋上，走過來的兩輛「平頭車」卻與之相反，分別由三頭壯牛駕駛，車上有席蓋，前後有席門，細細辨認，第一輛車棚內端坐一人，裝載何物不明。「平頭車」用途之廣於此可見。

在第二條十字街正面道上，一個掛著「劉家上色沉」字樣招牌的商店前，兩輛各駕四匹壯健騾馬的大車馳來，駕車人坐在車中間，只見此車與《東京夢華錄》所記分毫不差：「上有箱無蓋」，「箱如構欄而平」，「車輛輪與箱齊」，「板壁前出兩木，長二三尺許」，「後有兩斜木腳拖」。

這種車如《邵氏聞見後錄》所說：「重大椎樸」，「日不能行三十里，少蒙雨雪，則跬步不進，故俗謂之太平車」。周密《癸辛雜識》說這車載量頗大，一般可裝四五千斤，所以

「前列騾或馬十數駕之」。《水滸傳》第六十一回說盧俊義從河北去山東販貨，僱了十輛「太平車子」，想來一定是這種類型。圖中這「太平車」卻只有四匹騾馬，大約是城內無險峻路坡之故。

「太平車」也可充作貴族人物出行之用，如宋話本〈趙伯升茶肆遇仁宗〉中，宋仁宗就夢見一金甲神人，「坐駕太平車一輛」，「直至內廷」。正因「太平車」有如此廣泛的用途，郭若虛《圖畫見聞志》才有了這樣的情形：仁宗朝畫院有一專職畫「太平車」的畫家支選。

〈清明上河圖〉展示了十三匹驢「馱子」，六輛「串車」，五輛「平頭車」，兩輛「太平車」。再比照宋代朱銳的〈溪山行旅圖〉、〈盤車圖〉、〈雪溪行旅圖〉、宋人的〈盤車圖〉，還有〈閘口盤車圖〉，可以看出〈清明上河圖〉反映宋代「般載」最為集中而又典型。

自此以後，元代、明代就鮮有這樣用界尺一絲不苟描繪「般載」的畫幅了，清代王翠等畫的〈康熙南巡圖〉第九卷，其中雖也有這樣畫法而成的牛車，但只是局部，作為陪襯，並不像〈清明上河圖〉這樣突出。從這一點上看，說〈清明上河圖〉是古代中國「般載」優秀的集大成的表現者，是毫不為過的。

〈清明上河圖〉中還有宋代各種類型船隻的翔實描繪，因有許多專家發表過研究它的文字，筆者不再贅述，但是想就此轉換一下視角，從反映宋代社會生活的小說《水滸傳》去找尋一下宋代船艦的蹤影。

那是此書的第八十回。高俅在征剿梁山泊水軍失敗後，「使人去近處山上，砍伐木植大樹，附近州縣，拘刷造船匠人，就濟州城外搭起船場，打造戰船。一面出榜招募敢勇水手軍士」。光船工住的草屋，就有三二百間，「匠人數千，解板的在一處，釘船的在一處，艌船的在一處」。這樣的敘述，是符合宋代造船興盛史實的。

被高俅選中的造船者葉春，是「以圖取勝，將紙畫成船樣」。寥寥幾字，讀者一般不會在意，但這確是畫龍點睛之筆。所謂「船樣」，就是比較詳細的船舶設計圖紙，在圖紙上註明船體和各部件的大小尺寸，規定用料、用工、造價等。應用「船樣」造船是自宋開始的官方造船廠所必須遵循的造船設計法則。這是古代中國船舶設計中的一個重大突破，施耐庵將這一歷史性發展寫入《水滸傳》是很有意義的。

葉春所設計的「大海鰍船」，「兩邊置二十四部水車，船中可容數百人。每車用十二個人踏動，外用竹笆遮護，可避箭矢。船面上豎立弩樓」。陸游《老學庵筆記》也曾說過鍾相、楊么水軍所用「海鰍頭船」，看來《水滸傳》中的「海鰍船」是有根據的。

「海鰍船」造好後，在冬天下水，這也是符合宋代船隻下水史實的。下水的過程是：較大的船造成後，在泥地上挖兩條穴道，灑水潤滑，船底縱向綁紮兩根方木，擱於穴道中滑行下水。冬天下水則如《金史·張中彥列傳》所記：

> 召役夫數十人，沿地勢順下傾瀉於河。取新秫秸[28]密布於地，復以大木限其旁。凌晨，督眾乘霜滑曳之，殊不勞力而致諸水。

《水滸傳》中的「大海鰍船」就是採取這種方式滑入水中的。

確切地說，《水滸傳》在反映宋代造船技術方面，已達到了它所處時代的最高水準。然而，《水滸傳》畢竟是以描寫宋江等人「逼上梁山」為主的小說，造船及用船交戰，不過是其中一個煞有趣味的場景。

全面將造船、船上人員組織等全過程一一展現的是明代羅懋登的《三寶太監西洋記通俗演義》。這雖是一部小說，但它採用了幾乎類似「界畫」的描寫手法，是可以作明代的船艦歷史來讀的：

首先，建造鄭和下西洋所用船隻的「寶船廠」，是在下新河三叉口，即今南京下關三叉

28 秫秸：音同「叔、姊（輕聲）」，高粱的稈。

明茅元儀《武備志》中大福船圖

河，這與史書所記相吻合。《西洋記》第十五回寫到獻給皇帝審查的「經折兒」，「海裡畫的是船，船又分得有個班數，每班又分得有個號數」，實際這就是「船樣」。

「船樣」標明造船的工料定額、主要的構件，如沈啓《南船記》性質一樣。當然，《西洋記》不可能像造船技術書那樣專門化，但它也透露出了明代造船技術一個相當精確的側面。像「寶船」的鐵錨，分上中下不同類型，每一類型又要細分「三號」，最大的「頭一號的錨要七丈三尺長的廳，要三丈二尺長齒，要八尺五寸高的環」。繫錨的棕纜，「每根要吊桶樣的粗笨」。

為鍛造這樣的鐵錨，錨廠搭起了四十九座周長約有九丈九尺、高約有二丈四尺的爐子，「各鋪行運鐵，各匠人運炭，實於各爐之中，以滿為度，也不論他千百擔斗」，「只見那爐上的小門兒風兒又宣，火兒又緊，火趁著風威，風隨著火力，無分晝夜，都是這等通明」，「卻就是火焰山也不過如此」。這情景不由人想起宋應星《天工開物》中對「錨」的評說：「蓋爐錘之中，此物之最巨者。」

明《天工開物》中「錘錨圖」

《西洋記》不單在描述造船技術方面準確、細緻，在其他方面也大致不差。像各船編定字型大小，《籌海圖編》可證確實是這樣。《西洋記》所說的「寶船」長四十四丈，闊十八丈，無論驗之正史《明史》，還是驗之筆記《客座贅語》，都是這樣記錄的。

此外，《西洋記》還寫了「馬船」、「糧船」、「坐船」、「戰船」。這些船，在典籍中也都有明確記載，而《西洋記》較之則更為翔實，羅懋登寫道：

> 每一號船中間，有明三暗五的廳堂，有明五暗七的殿宇。每一號船上面，有三層天盤。每一層天盤裡面，擺著二十四名官軍，日上看風看雲，夜來觀星觀斗。

尤其是鄭和所乘的第一號寶船，「是個帥府，頭門、儀門、丹墀、滴水、官廳、穿堂、後堂、庫司、側屋，別有書房、公廨等類，都是雕梁畫棟，象鼻挑簷，挑簷上都安了銅絲羅網，不許禽鳥穢汙」，真是規模宏大，設計精巧。

鄭和遠涉西洋，除卻外交、貿易，還含有抵禦侵襲、耀兵異域的成分，所以專有軍事護航的「戰船」。「戰船」的編制和裝備，在以「從軍」名義隨鄭和下西洋的鞏珍所寫的《西洋番國志》中也沒有提到，其他史料也言及寥寥，因此，筆者將《西洋記》中有關「戰船」的情況加以綜合統計：

「戰船」有五桅，長十八丈，寬六丈八尺。載捕盜、舵工、瞭手、扳招、上斗、碇手、甲長、士兵，共五百八十名。

每艘「戰船」備有當時世界上最為先進的管形武器：大發貢炮十門，大佛朗機炮四十座，碗口銃五十個，鳥嘴銃槍一百把，噴筒六百個。

燃燒爆炸物有：火箭五千支，煙罐一千個，灰罐一千個，火磚五千塊，火炮三百個。

彈藥有：火繩六千根，粗火藥四千斤，鳥銃火藥一千斤，大小鉛彈三千斤。

遠射防襲的器械有：弩箭五千支，藥弩一百張，鐵箭三千支，鐵蒺藜五千個。

靠船近戰器械有：鉤鐮一百把，砍刀一百張，過船釘槍二百根，標槍一千支，藤牌二百面。

還有弩藥十瓶，大銅鑼四十面，小鑼一百面，大更鼓十面，小鼓四十面。這是為作戰時助威並起通訊聯絡作用的。

明刊本《新鐫量江記》中水軍演習圖

在《西洋記》中，鄭和就是憑著這樣優良的軍事實力，所向無敵，踏平西洋萬頃浪。雖然其中不乏誇張成分，但強大堅固的船艦卻不是虛構的，從這一點來說，《三寶太監西洋記通俗演義》基本上是當時船艦一系列全景的真實而又生動的演繹。

第六章

宦海風雲

「宦海波生，石尤風起。」袁世凱致瞿鴻信中一語，道盡了古代官場的詭祕難測、陰暗殘酷……

官場口訣

在中國古典小說中，經常有這樣的畫面：僧人坐化，總要將自己的一生總結成幾句簡短的話，傳之於後人。這種便於記誦的語句可謂之「口訣」。若依此「口訣」去觀察這位師父，其一生果然如此。寥寥數語，昭示著人的一生軌跡，中國人的這種根據事物內容要點歸納的能力可謂強矣。

質言之，口訣乃是以通俗而精練的語言反映豐富而深刻的道理，口訣是總結，是經驗，是喻事，是明理。好的口訣，是人們為了實現某一目的，提煉出事物最精粹的部分作為行動的指南，是讓人受用不盡的。因此，在古代社會，口訣是很盛行的。像魯迅先生評論宋代「要得官，殺人放火受招安」口訣時就指出：這是擷取了朝廷的精華。所以可以這樣說，口訣常常指示出當時社會習俗的傾向和脈絡，使我們窺見那個時代的一個側面。官場口訣就是這樣一個突出的例證。

中國古代的政治生活制度，是以官為軸心的政治生活制度，若是掌握了官僚，便是掌握了政治生活制度的大半，而要謀得一官半職，則要洞悉官場的規矩。這些歸結為一點就是，要瞭解其中的訣竅。若嫻熟訣竅，便可無往不勝，飛黃騰達。所以，自古代官僚制度建立以來，官場上的各種口訣便層出不窮，《尚書．武成》篇就對官員的任命提出了標準：建官唯賢，位事唯能。

漢代應劭《風俗通義》曾指出不負責任官員的危害：縣官漫漫，冤死者半。

有的根據官場「行情」，總結出當官的價碼，如《三國志．夏侯玄傳》中的「欲求牙門，當得千匹；百人督，五百匹」，宋代朱弁《曲洧舊聞》中的「三千索，直祕閣；五百貫，擢通判」。

有的則直接勾畫出官場上的「相酬圖」，如李肇《唐國史補》中的「勾心鬥角，互不相能，遺補相惜，御史相贈，郎官相輕」。

又如明代阮葵生《茶餘客話》對「六部」的總結：

吏曰貴，戶曰富，禮曰貧，兵曰武，刑曰威，工曰賤。

這種概括，簡明而又準確。因為吏部管選官、記功、官吏的升遷，自然是「貴」。戶部

管土地賦役，計度財用，「富」是當之無愧。禮部管學校薦舉，祭典接待，堪稱「貧」。兵部管軍政武選，儀仗兵器，「武」是最為恰當。刑部管遣徙流放，法治監獄，「威」是無可替代。工部管工程建造，墾荒導水，為體力勞作，這在古代中國只能是「賤」。

這些官場口訣，從不同的角度反射出了官場上的情態。然而，這畢竟只是客觀的描述，最精彩，也最使人感興趣的是那些如何選擇官員、官員如何工作、如何成為合乎時代「標準」的官員的官場口訣——

例如宋代洪邁《容齋隨筆》中說唐代銓選擇人的方法有四個方面：一是「身」，即體貌豐偉；二是「言」，即言辭辯正；三是「書」，即楷法遒美；四是「判」，即文理優長。史實表明，唐代許多年輕的學子，正是遵循著這樣的標準，得到升遷的。如唐代非常流行的「進士行卷」，就是此類的典型。

正是因為口訣有簡明扼要的指示作用，在唐以後的朝代，官府都竭力將對官員的要求簡化成為朗朗上口的口訣，以便易記易行。像唐五代蜀王孟昶就頒布過令箴於諸邑，共二十四句；宋太宗刪繁取簡，摘其「爾俸爾祿，民膏民脂。下民易虐，上天難欺」。此口訣一直流傳到元代。

元代統治者積以前朝代之經驗，對官員的修養提出了很嚴格的要求。大德五年，徐元瑞撰成的《習吏幼學指南》，就是這種意圖的體現。在這部書中，對官員應該具備的基本知識和官員所要達到的要求，幾乎全都歸結成為簡明扼要的口訣，像吏稱、政事、五事、戶計、禮儀、詳恕、救災、三宥、三赦、五戒、三典、三罪、五糾、五禁、八議、五科、八例、十惡、七殺、法例、條貫、獄訟、勾稽、諸納、體量、禁制、諸箴、三尚、仁恕等。

其中，對官員行止的要求是：

孝事父母　廉潔　勤謹

友於兄弟　篤實　慎默

不犯髒濫　謙讓　循良

對官員才能的要求是：

行遣熟嫻　算法精明

曉解儒書　通習條法

語言辯利　字畫端正

但制定良好的官場口訣是一回事，執行這種口訣又是另一回事。元代末年，官貪吏汙，已到了弊端叢生的地步，官場上流行的就是另一種口訣，如葉子奇《草木子》所記的官吏向人討錢的各名目：

所屬始參見，曰「拜見錢」；無事白要，曰「撒花錢」；逢節，曰「追節錢」；生辰，曰「生日錢」；管事而索，曰「常例錢」；送迎，曰「人情錢」；勾追[29]，曰「齎發錢」；論訴，曰「公事錢」。

由於制度的腐敗，官員的腐敗是難以避免的。明代洪文科《語窺今古》對明代官僚機構中一些無所事事的官員總結了這樣一段口訣：

一曰「習儀」、「拜牌」，二曰「接詔」、「送表」，三曰「救護」，四曰「春秋祭壇」，五曰「朔望朝王」，六曰「拜千秋」，七曰「兩公作揖」，八曰「計期支俸」，九曰「手談消日」，十曰「染鬚」。

到了清代，各省各州縣衙門的情況大致相同，尤其是「參情狀」，廣西桂林曾有將此分段編為戲劇的，其中歸納為口訣的，被道光年間曾任巡撫、總督的梁章鉅，寫入自己歸隱後的筆記中：

一日「烏合」，二日「蠅聚」，三日「鵲噪」，四日「鵠立」（站司道班），五日「鶴警」，六日「鳧趨」，七日「魚貫」，八日「鷺伏」，九日「蛙坐」，十日「猿獻」（謝茶），十一日「鴨聽」，十二日「狐疑」，十三日「蟹行」，十四日「鴉飛」，十五日「虎威」（各喊輿夫），十六日「狼餐」，十七日「牛眠」，十八日「蟻夢」。

梁氏用一群動物作喻的口訣，畫出了清代官場腐敗群像，這猶如鄭逸梅《藝林散葉》所記李鴻章談的那句話：

29勾追：追捕。

> 天下最容易的事，便是做官，倘使這人連官都不會做，那就太不中用了。

李鴻章是清末官僚總管，他的話當然是切中要害的。然而，說清代官場口訣完全無一可取處，有欠公允。

清代統治者為了長治久安，對官員的要求還是比較嚴格的，尤其是在清初期和中期，清統治者勵精圖治，很有一番作為。在這個歷史階段出現了《吏部成語》之類的官場工具書，此書共四百二十條，就官員的升選調補、考核獎敘、參劾處罰、省親守制、公文名稱、處分事例等官場的方方面面，都做了十分詳盡的規定和闡釋。還有乾隆年間汪龍莊的《學治臆說》、《學治說贅》、《佐治藥言》、《續佐治藥言》、萬楓江的《幕學舉要》等等。

明《帝鑒圖說》插圖

這些著作，絕大多數用簡明扼要的語言或成語，使人一目了然，易記於心。如果官員們熟悉這些口訣式的行止規則，成為一名被統治者賞識的良吏，是不成問題的。如《幕學舉要》中說到官員「災賑」須實行的方法：

一日「散利」，二日「薄徵」，三日「緩刑」，四日「馳力」，五日「舍禁」，六日「去幾」，七日「眚禮」，八日「殺哀」，九日「蕃樂」，十日「多昏」，十一日「索鬼神」，十二日「除盜賊」。

還有「三便」：「極貧民便賑米，次貧民便賑錢，稍貧民便賑貸。」「六急」：「垂死貧民急饘粥，疾病貧民急醫藥，病起貧民急湯水，已死貧民急埋葬，遺棄小兒急收養，輕重繫囚急寬恤。」

如果能將這些歸納出來的「災賑」口訣隨時酌行，「災賑」會收到顯著成效的。又如李日景的〈居官三十六善〉提出的：

無偏執，耐煩，不暴怒。事上謹飭，不竭民力為逢迎。不為不近人情事。不以遊玩荒職業。不妄興工役，勞民傷財。念絲粒皆百姓脂膏，不忍奢侈暴殄。有暇即讀書。善處同寅，不生猜疑。關防家人，不得通關作弊。人有過，懲治後，即當釋然。勿聽信邪術，損民間資斧。培植學校。宴會不流連沉湎，不褻狎優俳。詞訟隨到即審，勿令窮民擔延多費。虛心訪利弊。

審理公平，不得任性作聰明。用刑詳慎，不致皁隸受賂，有所重輕。不受富豪賄囑，刻薄貧民。不因人走熱。不交無益之人，壞乃公事。聞人稱頌，慚愧無矜喜色。……

為了使官員有所遵循，嘉慶帝竟動手撰寫了官箴二十六章，對六部、宗人府、理藩院、都察院、布政司、通政司等二十六處官員，做出了嚴格的要求。官箴是韻文寫成，言簡意賅，條理分明，雖皇權色彩較重，但仍不失為官場上應熟悉的口訣。如〈吏部箴〉：

職司邦治，夙夜心殫。首冠六部，統理百官。銓衡黜陟，其慎其難。藻鏡朗燭，表正形端。科條恪守，典籍勤觀。考課賢否，真偽詳看。選舉平允，計要不刊。佐朕用舍，社稷為安。

筆者認為，以上的口訣，或可稱為清代官場上的實學口訣、善學口訣，是有益的，值得牢牢記取。與之形成鮮明對照的是清代官場上形成的另一類所謂的「十樣口訣」，這種口訣也是不能缺少的。如筆記小說《途說》中的〈把勢十全訣〉，要求官場中人要：

一筆好字，兩首歪詩，三等圍棋，四季衣服，五斤酒量，六張葉子，七筆呆畫，八套清曲，九歸演算法，便是十全祕訣。

梁章鉅在《歸田瑣記》中又將其加以變化：

一筆好字，二等才情，三斤酒量，四季衣服，五子圍棋，六出昆曲，七字歪詩，八張馬吊，九品頭銜，十分和氣。

梁章鉅還進一步總結道：

一筆好字不錯，二等才情不露，三斤酒量不吐，四季衣服不當，五子圍棋不悔，六出昆曲不推，七字歪詩不遲，八張馬吊不查，九品頭銜不選，十分和氣不俗。

如果除去酒量，單從其他九項標準去看，清代官員還要具備一定的「藝術修養」。

這樣的口訣是圍繞清代官場特定的需要而制定的，所以，許多人結合時尚，不斷加以揣摩，做出新的增添，以求更加完善，以適應官場的風雲變幻。秀芝軒主人《酒闌燈灺談》將

此「十樣要訣」進一步總結道：

一團和氣要不變，二等才情要不露，三斛酒量要不醉，四季衣服要不當，五聲音律要不錯，六品官銜要不做，七言詩句要不荒，八面張羅要不斷，九流通透要不短，十分應酬要不俗。

秀芝軒主人認為這一有所變異的口訣與以前「大同」，詩曲可以刪去，衣服也不必求全責備，「小異」之處在加以「八面張羅」、「九流通透」、「十分應酬」，則神妙不測，用此不僅可以當京官，就是做了州縣，成為能員大吏，也是斷斷不能將其束之高閣的。

這也是擷取了當時清代官場上的「精華」而做出的經驗總結，是行之有效，非常寶貴的，因此，有必要將其廣泛傳播。清代戲劇中就出現了這種口訣，如《桂枝香》第三齣〈浪酒〉，有一扮丑角的人物上場，又將此口訣加以變化：

一表人物不粗陋，二分才情休淺露，三斤酒量莫嘔吐，四季衣服怕破舊，五聲音律要諳度，六品頂戴誰查究，七言詩句聞屁臭，八股文章難句讀，九流雜技盡通透，十成張羅戒疏漏。

儘管其中夾雜著嘲諷，但這是對官員的十個方面「才能」加以了精飾，對官員的「標準」的分寸掌握得還是很適度的。

此類口訣還常向辛辣諷刺官僚昏庸的方向轉化。獨逸窩退士《笑笑錄》就載有諷刺縣官的「十樣口訣」：

紅，圓融，路路通，認識古董，不怕大虧空，圍棋馬吊中中，梨園子弟殷勤奉，衣服齊整言語從容，主恩憲眷滿口稱頌，坐上客常滿，樽中酒不空。

還有所謂的「十得口訣」：

一命之榮，稱得；兩片竹板，拖得；三十俸銀，領得；四鄉地保，傳得；五下嘴巴，打得；六角文書，發得；七品堂官，靠得；八字衙門，開得；九品補服，借得；十分高興，不得。

這與前面的那些口訣是有所不同的，一派苟且、勢利、奸詐的氣味。不過如果領悟了這些口訣的精髓，也能在清代後期沒落的官場上縱橫自如，至少能混上一陣子。

抄家側影

看《紅樓夢》第一〇五回〈錦衣軍查抄寧國府〉，真是應了李漁《巧團圓．掠婳》中的那句：「奉令嚴搜，抄家若篦頭。」其抄出之物有：赤金首飾一百二十三件，珍珠十三掛，淡金盤兩件，金碗兩對，金搶碗兩個，金匙四十把，銀大碗八十個，銀盤二十個，三鑲金象牙箸二把，鍍金執壺四把，鍍金折盂三對，茶托二件，銀碟七十六件，銀酒杯三十六個。

皮貨、綢緞、衣飾則稍多：黑狐皮、貂皮、猢狸皮等，洋呢、畢嘰等，紗綾、羽絨縐、氆氌[30]、妝蟒緞等，棉夾單紗絹衣等。多者不過三百餘件，少則二副。而玉玩、鐘錶、銅錫等物，最多者不過五百餘件，脂玉圈帶不過一條。金銀則為成色不好或重新回爐熔煉過的潮銀五千二百兩、赤金五十兩、錢七千弔而已。

從抄家不難看出寧國府的破落，如果將查抄寧國府與明代查抄宦官比較，其豪富衰敗則

30 氆氌：音同「普魯」，藏族地區的一種手工羊毛織品，種類繁多，一般用來當作衣服或坐墊的材料。

更加明顯。如明太監馮保的三萬兩金，十萬兩銀，名琴七張，夜明珠九顆，珍珠簾五副，則純屬提不起來的小角色。大者則如太監錢寧，金論扛，金首飾論箱，玉帶達兩千五百束，胡椒為三千五百擔，緞匹三千五百八十扛……

又如對正德年太監劉瑾的抄家，一次僅抄出銀就達二億五千九百餘萬兩，零銀一百五十八萬三千六百兩尚不計在內。據彭信威《中國貨幣史》統計，明亡時，全國銀貨估計也不過二億五千萬兩，且包括銀首飾及銀器皿。

一個太監就可攫取比國庫還富有的白銀，這的確是匪夷所思的，但又是符合明代政治實際的。因為明代的政治，已到了腐爛不堪的地步，宦官搜刮財物只不過是黑暗冰山的一角，如劉瑾者、步劉瑾後塵者比比皆是。而記嚴嵩、嚴世蕃父子被抄家產的《天水冰山錄》，最能反映明代這類貴宦的抄家，並由抄家折射出一個王朝腐敗的影子來。

現撮《天水冰山錄》嚴氏父子被抄家產主要而說之：淨金共重一萬三千一百七十一兩六錢五分；純金器皿共三千一百八十件，重一萬一千零三十三兩三錢一分；金鑲珠寶器皿共三百六十七件，重一千八百零二兩七錢二分，壞金器共二百五十三件，重四百零三兩九錢二分；金鑲珠玉首飾共二十三副，計二百八十四件，共重四百四十八兩五錢一分；金鑲珠寶首飾，共一百五十九副，計一千八百零三件，共重二千七百九十二兩二錢六分。淨銀二百零一

明刊本《一捧雪》插圖：搜邸

萬三千四百七十八兩九錢；銀器皿共一千六百四十九件，共重一萬三千三百五十七兩三錢五分；銀嵌珠寶首飾計六百二十八件，共重二百五十三兩八錢。

就金、銀的數量看，嚴氏父子確實比劉瑾之流少得多，但就其品質並不能說嚴氏父子家產比劉瑾之流差多少。明人曾就嚴氏父子與錢寧、江彬被抄的黃金白銀、古玉瑰寶相比較，結論是嚴氏父子「不如」錢寧、江彬，但是就「其書畫之類」，嚴氏父子「出其一可以當百」，錢寧、江彬等「不敢望也」。

事實的確如此，嚴氏父子擁有的書畫件件上乘，以各類典籍言，經史子集，樣樣俱全，版本不僅有官刻本，還有罕見手抄本，各朝史書除極少元版本，其餘全是宋版，如從《史記》至《宋書》，皆為宋版，累代實錄並經史子集等書合計共八十八部，二千六百一十三本。古今名畫手卷冊頁，共計三千二百零一軸卷冊，其中包括兩晉至明代大部名畫，像晉顧愷之〈衛索像〉、晉人畫〈女史箴圖〉，唐吳道子〈南岳圖〉、閻立本〈職貢圖〉、李思訓〈仙山樓閣〉、宋徽宗〈秋鷹〉、李公麟〈孝經圖〉、李迪〈百犬圖〉、黃筌〈金盆浴鴿圖〉、李成〈盤車圖〉、李嵩〈鬥茶圖〉、元趙子昂〈觀音〉並〈美人圖〉、〈宋太祖蹴鞠圖〉、王振鵬〈龍舟競渡圖〉……

其餘還有古今名琴五十四張：金徽水晶軫足琴、咸通之寶琴、玉壺冰琴、春雪琴等，僅金徽玉軫斷紋琴就九張之多。古硯十六方，有漢未央宮瓦硯，稀世珍品銅雀臺瓦硯等。古銅鎏金器一千一百二十七件（共重六千九百九十四斤零二兩），墨刻法帖三百五十八軸冊……

以上這些，使明人認為嚴氏父子占有的藝術品是「貪殘中，又帶雅趣」，由此而連結的是姚士麟《見只編》所記：嚴嵩江西分宜老家被抄時，嚴嵩還手持數帙小書而出，並向監視他的人解釋說：「欲藉以送老耳。」此事表明了嚴嵩喜好讀書的習性。

明人就曾這樣評論過嚴嵩：「讀書鈐山，頗負清譽」，「讀分宜詩，沖和蕭遠，無殿閣習氣」。王士禎則認為：「分宜早年詩有王維之風。」與嚴氏父子為死對頭的王世貞評價嚴嵩也較高：「孔雀雖有毒，不能掩文章。」顧起綸甚至欲將嚴嵩的〈靈谷〉、〈登岳〉選入《國雅品》。這些都說明了嚴嵩的詩文有可取之處，至少在文人群中還可獲得好感，這也許是清初修《明史》時對嚴嵩翻案的一個理由？是否就反映出了嚴嵩是位清雅之士？

眾所周知，在被抄的嚴氏父子畫卷中，有久負盛名的〈清明上河圖〉，據田藝蘅《留青日札》記嚴氏父子是以千二百金從蘇州陸氏處購得，「纔得其贗本，卒破數十家」。這一記錄驗之其他典籍頗為可信，梁章鉅《浪跡叢談》曾記：嚴世蕃強索〈清明上河圖〉於王忬，忬以贗本獻。徐樹丕《識小錄》曾記：吳中一御史以〈清明上河圖〉臨本饋嚴世蕃而未賄善鑒古的湯裱褙，湯直言其偽，嚴世蕃大怒，竟使獻畫者身陷大辟。如此等等，嚴氏父子為掠珍貴古董的陰毒惡劣嘴臉昭然若揭。

沈德符《萬曆野獲編》談及了這一現象：嚴氏父子勢熾時，以諸珍寶盈溢，遂及書畫古董瑣事。這真是一語中的，嚴氏父子愛好古董乃是因珍寶太多，古董稀少而且要比金銀還值錢。所以他們才不擇手段，據為己有而後快。較之他人，嚴氏父子又有一優勢，那就是他們權傾朝野，他人對古董大多只能是「貨取」，而嚴氏父子卻往往以「勢劫」，實際上這比「貨取」不知壞有多少倍。

也正是由於嚴氏父子這一特殊的對古尊彝奇器書畫的嗜好，各地大吏，爭輦致之，或索之富人必得而不遺餘力，以文房清玩，致起牢獄……如同《醉醒石》第八回所述成化年間太監王臣到江南搜刮古玩一樣，既禍國又殃民！以致我們看到《天水冰山錄》所記錄下來的古董珍玩書畫時，心靈已被淹沒在一浪高過一浪近似瘋狂的占有欲望洪流之中，已得不到任何賞心愜意的美感了。

這就如同看嚴氏父子收羅的圍棋，僅碧玉、白玉圍棋就達數百副，金、銀象棋亦有數百

副。其實下這種棋，「最為滯重不堪」，看來嚴氏父子喜歡金、銀、玉的心理要勝過喜歡下圍棋、象棋本身。這就如同查抄出嚴氏父子收藏古董中的褻器，雖為白金美人，但功能卻是以「其陰承溺」一樣，其貪得無厭、無恥之極已達到了令人作嘔的程度。

又如在查抄的嚴氏家產中，竟有「各樣破爛小舊衣七百六十八件，每件估銀五分」。一應變價帳幔被褥「雜碎」中，竟包括「八十五雙裹腳布」。一應「發儒學書籍寺觀經典，經史子籍等書」，計五千八百五十二部套，「道佛各經訣」，計九百一十四部套。原本此類書籍應發各儒學、各寺觀貯收、供誦，可是卻被嚴氏父子收取。

另還有許多瑣舊不堪物件，可是嚴氏父子亦據為己有。如戒尺三十條，刀斧廢鐵九百六十九件，黃白蠟十九斤，零碎緞絹一千零三十五片，棕套五百九十一雙，魚膠二斤，藤一捆，石朱砂八十兩，長短槍桿、大小標纛[31]、各色旗幟、多樣皮袋等兵器竟有三百四十一件，而漆、斑竹、烏木各類筷子，就抄出二萬三千三百三十七雙……

正像明人概括嚴氏父子被抄家物品所說：「凡人世所應用之物，無論用與不用，靡所不備。」而嚴世蕃自詡「朝廷無如我富」、「朝廷無如我樂」，並非口出狂言，而是有充足的物質為支撐的，《天水冰山錄》就給予了這樣的證明。又如《明史紀事本末》所說嚴氏父子的「家貲亦稱億萬」、「總天下之貨寶，盡入其家」。《留青日札》所說嚴氏江西、北京二處家產所抄，不及十四五，「蓋行賂於權要者十二三，寄頓於親戚者十三四」。以此觀《天水冰山錄》又是一大大縮水了的抄家記錄。不過，太陽一出冰山頹，《天水冰山錄》可為後人警戒，足矣。於此而引起的嚴氏父子何以能聚斂富可敵國的財物，則確是《天水冰山錄》給人們留下的極其寶貴的思索。

儘管《天水冰山錄》掩不住嚴氏父子巧取豪奪古董字畫的罪惡，但專從收藏鑒賞角度著眼，人們從《天水冰山錄》分明看到了一部絲綢藝術史、珍寶首飾史、文房四寶史、腰帶史、綿緞史、蟒綾史、補絨史、房臥史、屏風史、女袍史、緞衣史、絹衣史、川扇史、玉琴史、銅花瓶史、大香爐史……可以說《天水冰山錄》記錄的任何一種被抄物品，都可以梳理出一個極其專門的研究題目來。單以《天水冰山錄》所記與劉瑾、錢寧之流，或與清代和珅被抄家產相比較，就可以成為一個極有意義亟待開掘的學術問題，更何況我們可從記錄查抄嚴氏家產的《天水冰山錄》中找尋到明王朝深度腐敗的證據。

31 纛：音同「到」，軍中大旗。

千刀萬剮話酷刑

「凌遲」酷刑，亦作「陵遲」，是指山陵斜坡逐漸低下，含有慢慢之意，又俗稱為「剮」。因其規例在千刀之上，「凌遲」還可通稱為「千刀萬剮」。

唐律尚無「凌遲」，五代才特置。馬端臨《文獻通考》說宋代中後期始用「凌遲」，但不常用。《宣和遺事》記章惇在越州時，專事慘刑，有「刀掊」、「釘手足」、「剝皮」、「斬頸」、「拔舌」，但不見「凌遲」。元代「凌遲」載於法典刑律，具體行刑較少。

只是到了明代，「凌遲」用語頻繁起來，較為典型的是明代《瑞嚴公年譜》、《漁樵話鄭鄤本末》，其中對「凌遲」的詳述，使人見其具體步驟——

「凌遲」時搭起一座棚子，棚前豎起一根上有分叉的粗木杆，劊子手手持磨得鋒利的鐵鉤、利刃，三聲炮響後便開始，規例是三千三百五十七刀，每十刀一歇，一吆喝，剮得肌肉如大指甲片，一條一縷，密麻叢集，猶如刺蝟。

初動刀時，血流寸許，再動刀則無血了。主要是因受刑者受驚，血俱入小腹、小腿肚，剮畢開膛，血都從這裡流出去了。「凌遲」後將受刑者五臟、軀體、頭都吊在杆上示眾，監刑官舞紅旗，策快馬，飛馳宮中，向皇帝報告刀數。

對犯人採取這樣厲害的「凌遲」，是因明初朱元璋就執刑甚嚴，當時官員們竟用鴆血染衣帶，一有捕拿，即吮帶死，以免受酷刑折磨。據《明史》、《明實錄》，當時刑法無所不用其極：朱有熺以掠食人肝腦為能事，朱憲㸅逼姦婦女或生置棺中燒死，或手刃剔其臂肉，剜目煇耳。還有的活埋露首，使其慢死，或讓受刑人吃自己兒子被割下的鼻、舌。朱國楨《湧幢小品》說兩廣都督韓觀殺人成性，竟用人皮當坐褥，吃人眼。夏允彝《倖存錄》說一徐姓術士，因罵魏忠賢被捕，手足被釘在門板上，遍體澆上瀝青，用椎敲，一會兒舉體皆脫，其皮殼儼若一人……祝允明《野記》中的有關記載更讓人慘不忍睹：

高皇惡頑民竄逃緇流，聚犯者數十人，掘泥埋其頭，十五並列，特露其頂，用大斧削去，一削去數顆頭，謂之「鏟頭會」。國初重辟，凌遲處死外，有「刷洗」，裸置鐵床，沃以沸湯，以鐵刷刷去皮肉。有「梟令」，以鉤鉤背懸之。有「稱竿」，縛置竿彼末，懸石稱之。有「抽腸」，亦掛架上，以鉤入谷道，鉤腸出，卻放彼端石，屍起腸出。

《新刻出像音注觀世音香山記》插圖

即使一般的刑法，執行起來也十分殘酷。如《詔獄慘言》，記敘明代鎮撫最為普通的五種刑具：一種是「械」。堅木製成，長一尺五寸，闊四寸多，中鑿兩孔，著臂上，受刑時也不脫，殺人最便利。

一種是「鐐」。鐵製，又稱「鋃鐺」。長五六尺，盤左腳上，因右腳受刑不方便。

一種是「棍」。楊、榆木製成，長五尺，曲如匕，執手處，大似人小指，著肉處徑可八九分。每用棍，用繩束其腰，二人踏繩的兩端，使受刑人不得轉側。又用繩繫兩腳，一人負之背，使不得伸縮。

一種是「拶」。楊木製成，長尺餘，徑四五分。每用拶，兩人扶受刑者起，跪在索上，力束木的兩端，隨即用棍左右敲，使受刑者更加痛苦。

一種是「夾棍」。楊木製成，長三尺餘，去地五寸多，貫以鐵條，每根中各綁拶三副。凡夾人，則直豎其棍，一人扶之，安足其上，急束繩索，仍用棍一具，交足之左，使受刑者不能移動。又用一根長六七尺、圍四寸以上的大杠，從右邊猛力敲足脛，使足流血灑地……

這幾種刑具，是中國古代刑法中最基本的，看來簡單，但用起來極苦，如明人所說：「棍則痛入心脾，每一下著骨，便神魂飛越矣！」燕客《天人合征紀實》敘楊漣、魏大中等「六君子」在獄中受「棍刑」，毒打三十棍，股肉就已經腐爛了，只得用帛急忙纏上。

尤其是「受全刑」，即械、鐐、棍、拶、夾棍等刑具同時上，被《明史·刑法志三》稱為：「五毒備具，呼暴聲沸然，血肉潰爛，宛轉求死不得。」以致在明代，許多來到中國的外國人，給他們感觸最深的就是這幾種刑具和酷刑：

阿里·阿克巴爾《中國紀行》說中國犯人在監獄中：戴著鐐銬和鏈子，固定在鐵樁上，頭髮也被拴在鐵釘上。即使這樣還不讓他們自在，他們的腳被板夾住，背上和胸上纏著一百碼長的鏈子和刑具，恐怕要壓斷了肋骨。

戴著鐐銬和鏈子的犯人，被強力推進高度只有一臂長、又小又窄的三角形籠子裡時，「為了關上籠子把他的頭壓低到和四肢擠在一起，好像沒有骨頭的一堆肉塞在籠子裡，打開籠子後，這個人戴著鏈子和鐐銬被拉上來時，使我們嚇掉了魂」。

克路士《中國志》這樣說道：犯人「把指頭放在棍裡，然後使勁拉繩子使骨頭嘎紮作響」，「足刑很厲害和痛苦，刑具是兩塊方木條，約四拃[32]長，一邊用一根鉸鏈連接。他們

32 拃：音同「眨」，大拇指與中指（或小指）張開後的長度。

拿繩繫在另一側，足踝夾在中間。他們用槌子打木條頭」。

拉達《記大明的中國事情》記載：

> 官員一聲吆喝，五六名劊子手就撲向可憐的犯人，馬上把他按到地上，扒掉他的褲子。他這樣面朝下爬著，一名劊子手緊緊按住他的腳，另一個按頭，再一個高舉上述的竹板或棍子，使勁打他大腿後的肉，直打到叫住手為止。他們每打五下，便轉過身子好打另一邊。這時候，另一名劊子手跪著大聲報打的次數，那簡直太野蠻，挨過六十下的人難逃一死。

這三位外國人看到的只不過是明代最最普通的刑法，但已使人真切感到其刑的殘酷了！這些酷刑一般來講，主要是對下層官吏和平民施行的，特別是對那些「犯上作亂」者。清嘉慶八年（一八〇三年），因刺嘉慶而被當場捉住的內務府廚役陳德，在審訊時就已經是徹夜熬問，擰耳跪煉，掌嘴板責，刑夾押棍……經嘉慶親審，陳德被處以「凌遲」。據燕北老人《清代十三朝宮闈祕史》載：

執行時，從陳德的耳、鼻、乳割起，左右臂上碎割，成魚鱗形狀。然後再右臂，再胸和背。一開始還見血，過一會兒血流盡了，只流黃水。當割完上身時，陳德忽然張開眼睛叫道：「快些。」監刑者卻說：「上有旨，令爾多受些罪。」仍慢慢碎剮陳德！

以仁義自我標榜的嘉慶，對「大逆不道」者是從不心慈手軟的，對陳德的「凌遲」，充分暴露了統治者對反抗者所能夠採取的極端報復手段。可是把所有的酷刑，都用「階級鬥爭與壓迫」來概括，是有失偏頗的。

因為像晉靈公從臺上彈人，觀其避丸巢；李元吉當街而射，觀人避箭；妲己置蠆盆，觀其楚毒以為樂；齊後主置蠍浴斛，令人裸浴，觀其叫號則大喜……這些並沒有直接刑事緣由的酷虐之刑，並不是階級的、政治的影響，而是一種野蠻的文化觀念的表示。《通典》記錄北齊時對濫劣秀才飲一斗墨水的懲罰，就很能說明這個問題。

明代小說《封神演義》描繪了所謂的「炮烙」：「約高二丈，圓八尺，上、中、下用三火門，將銅造成，如銅柱一般，裡邊用炭火燒紅」，人被剝去衣服，「將鐵索纏身，裹圍銅柱之上，只炮烙四肢筋骨，不須臾，煙盡骨消，盡成灰燼」。但此酷刑並非用於反抗的平民，而是對付臣僚。

徐學聚《國朝典匯》說嘉靖年間朱觀熄淫戲無度，常使男女裸體群浴，無復人禮，「左右有陰議及色忤者」，他就加用「炮烙」。這表現了一種殘忍的文化心態。而東林黨人左光斗，也受「炮烙」，顧公燮《消夏閑記摘抄》說他「面額焦爛不可辨，左膝以下，筋骨盡脫

矣」。這卻是階級內部不同政治派別的鬥爭所造成的。

所以，對酷刑要具體分析。而且，酷刑也不是單純為摧殘皮肉而設，酷刑施行的主要目的是警告，是示法。《草木子餘錄》記述朱元璋嚴於吏治，「凡守令貪酷者，許民赴京陳訴。贓至六十兩以上者，梟首示眾，仍剝皮實草。府州縣衙之左，特立一廟，以祀土地，為剝皮之場，名曰皮場廟。官府公座旁，各懸一剝皮實草之袋，使之觸目驚心」。

《大清刑律圖說》所繪酷刑場面

這一慘無人道的酷刑，從本質上講是統治者企圖以殘忍手段奴役下屬意識的投影，但它冠冕堂皇地歸入了法制的軌道之中，這在客觀上對貪汙受賄的官員還是有很大的震懾作用的，就像歷史學家分析的那樣：明初吏治之所以較好，這與朱元璋常用、大用酷刑，或許有一定的關係。

為了使更多的人服服貼貼，古代統治者將酷刑的主要目標定在平民百姓身上，這一現象在清代尤為突出。張集馨《道咸宦海見聞錄》，真實地記述了道光年間四川的酷刑：監獄裡的犯人，有的裝入籠內，一日而斃，有的則用鍋煮，「慘酷不可言狀」。如捉到造反的「嘓匪」，不問真偽，先打四百小板，還有重打二三千小板再訊供，罪名莫定，就在大堂上打死，腦裂骨折……

由於酷刑濫施，甚至錯捉入獄的人，也往往被屈打成招。清代劉省三所寫的公案小說集《躋春臺》，其中有一篇〈雙冤報〉，就描述了王氏和魏有仁這對男女表親，在酷刑下被迫屈招的情形：

釘竹籤十指鮮血噴，痛得奴死去又還魂。不招供太爺刑法狠，招得來又辱了先靈。……不得已把供來招認……

這一陣夾得魂飛盡，痛得我屎尿一齊傾。想不招表嫂已招認，要辯脫除非問閻君。因姦淫謀毒表弟，大老爺施恩快鬆刑。

清代的官吏還挖空心思，不斷在刑具上「推陳出新」。李伯元所寫的《活地獄》，就較典型地反映出了由於刑具的厲害而造成的殘酷景象：例如，「一雙鐵鞋，放在火裡燒紅，著在腳上，這叫『紅繡鞋』」。其實這是明代天啟年間魏忠賢的義子許顯純發明的「紅繡鞋」的延續。

還有「過山龍」，「是叫錫匠打一個彎曲的管子，扯直了要夠二丈多長，把犯人赤剝了，用管子渾身上下盤了起來，除掉心口及下部兩處。錫管子上邊開一個大口，下邊開一個小口，用百沸的滾水，從這頭澆進去，周流滿身，從那頭淌出去。這個開水，卻不可間斷」。這與謝肇淛《文海披沙》所說的萬曆時福建某官府中盤在犯人腰間的「錫蛇」是一樣的。審訊犯人時往「錫蛇」的空心裡灌開水，犯人受不住燙，只好屈招……相形之下，清代「過山龍」要比明代的「錫蛇」更殘酷，這是一個總的趨勢。

再如行刑時最常用的板子。《活地獄》中已出現了鐵板子，用它打人，「打上十幾板子，大腿上的肉都會一片片地飛起來，連肉帶血飛得滿處都是。等到打至十幾下，肉已飛完，便露出骨頭。他此時便吩咐掌刑的，不要拿板子平打，卻用板子橫在大腿上亂敲，砍的骨頭殼殼的響。有的還將骨頭打開，骨髓標出來好幾尺遠……」

通過打板子這一在古代最為常見的刑罰，人們看到的是殘酷！這也正是李伯元創作《活地獄》的用意，旨在揭露清代官府衙門像地獄一樣……

第七章

俗雅之間

文學藝術與社會生活的獨特視角，與廣闊繁複、饒有興味的民風民情融合，匯成了中華文化的奇葩。

批判金錢的文學

一提起批判金錢的文學，人們往往提及莎士比亞《雅典的泰門》中泰門那段精彩的獨白。其實，在中國歷史上早就有過類似的文學作品。元代的戲劇中就曾出現無名氏所作的《龐居士誤放來生債》，劇中龐居士所發對金錢的批判之聲，絕不亞於泰門對金錢的斥責之音：

【寄生草】富極是招災本，財多是惹禍因。如今人恨不的那銀窟籠裡守定銀堆兒盹，恨不的那錢眼孔裡鑄造下行錢印。（做合掌科云）南無阿彌陀佛。（唱）爭如我向禪榻上便參破禪機悶，近新來打折了郭況鑄錢爐，這些時廝摔碎了魯褒的這錢神論。

【六麼序】這錢啊無過的是乾坤象，熔鑄的字體勻。這錢啊何足云云，這錢啊使作的仁者無仁，思者無思，費千百才買的居鄰。這錢啊動佳人有意郎君俊，糊突盡九烈之真。這錢啊將嫡親的昆仲絕了情分，這錢啊也買不的山丘零落，養不的畫屋生春。

龐居士用犀利的筆，深深地剖析了金錢的危害，使我們從中窺見了元代社會拜金風氣的濃烈，由此而產生出批判金錢的戲劇。可以說自古代城市商品經濟發展以來，批判金錢的文學就逐漸生成，從來也沒有間斷過。較早的如唐代張說所寫的〈錢本草〉，巧妙地運用了藥物比喻，亦不乏對金錢的批判：

> 錢，味甘，大熱，有毒。偏能駐顏，采澤流潤，善療饑，解困厄之患立驗。貪者服之，以均平為良；如不均平，則冷熱相激，令人霍亂。其藥采無時，采之非理則傷神。此既流行，能召神靈，通鬼氣。若服之非理，則弱志傷神。切須忌之。

這篇短短的〈錢本草〉，在批判金錢的文學之林中顯得別有風姿，這或許給後世以啟發。在宋代，羅點《武陵聞見錄》曾有〈在錢眼內坐〉一文，說的是南宋紹興年間，內宴時，

明刊本《紫釵記》第三十一折〈撒錢〉

一優人用一銅錢方孔窺人，看至張俊時，諷刺他「只見張郡王在錢眼內坐」，引得人們大笑。這種對金錢的批判，是很別出心裁的。

進入明代，商品經濟的大潮已猛烈地衝擊著社會的每個角落，所謂「倫教蕩然，綱常已矣」、「上下相爭，唯利是聞」的現象，隨處可見。對金錢瘋狂追逐，使很多人沒入了利己的冰水之中。就在此時，一大批文學藝術家投入到了對金錢的批判討伐之中。像那位以研究音律而名噪一時的太子朱載堉，也寫下了一系列批判金錢的散曲，如〈罵錢〉：

孔聖人怒氣沖，罵錢財：狗畜生！朝廷王法被你弄，綱常倫理被你壞，殺人仗你不償命，有理事兒你反覆，無理詞訟贏上風。俱是你錢財當年，令吾門弟子受你壓伏，忠良賢才沒你不用。財帛神道當道，任你們胡行，公道事兒你滅淨。思想起，把錢財刀剁、斧砍、油煎、籠蒸！

朱載堉又用另一種較細微的筆調，從另一個角度對人們盲目崇尚金錢進行了揭露，進而達到批判的目的。如〈錢是好漢〉：

世間人睜眼觀見，論英雄錢是好漢。有了他諸般趁意，沒了他寸步也難。拐子有錢，走歪步合款。啞巴有錢，打手勢好看。如今人敬的是有錢，蒯文通無錢也說不過潼關。實言，人為銅錢，遊遍世間。實言，求人一文，跟後擦前。

又如〈嘆人敬富〉：

勸人沒錢休投親，若去投親賤了身。一般都是人情理，主人偏存兩樣心。年紀不論大與小，衣衫整齊便為尊。恐君不信席前看，酒來先敬有錢人。

在散曲創作上，朱載堉脫盡了太子莊嚴的身分，言辭尖刻，對金錢的負面效應大力鞭撻，加之曲意通俗，一時間在河南、山西等許多地區廣泛流傳，深受人民的喜愛，對當時氾濫的「金錢潮」形成了有力的衝擊。

清代的文學家們，繼承了明代散曲的這一傳統，對金錢的分析、批判，更全面，也更猛烈。像明末清初的徐石麒所作的一組〈錢難自度曲〉，就是這樣的代表之作。其中有對因無錢而遭受困難境遇者的描述：

釣魚竿

窮秀才夜擁著妻兒坐，眼睜睜只一口氣兒啊。米星兒沒一顆，菜頭兒無一個。閒放著碗大的鍋，經年價不舉火。空抱著幾本文章做甚麼！想得臉皮黃，念得舌頭破。我笑他，沒我來也難得活。

催花鼓

一家兒過活，富貴的如何？有我時骨肉團圓，沒我時東西散夥；有我時醉膏粱，沒我時擔饑餓；有我時曳輕裘，沒我時鶉衣破；有我時坐高堂，沒我時茅簷下臥。這壁廂妖童季女擁笙歌，那壁廂淒風苦雨人一個。要我來不要我？

這組曲中還有對金錢直截了當的控訴：

大旗風

呀！您硬牙根連說伎倆多，我屈指數出你罪名兒大。為甚麼父子們平白地起風波？為甚麼兄弟們頃刻間成水火？為甚麼朋友們陡的動干戈？見只見貪贓的欺了君父，愛小的滅了公婆。下多少鑽謀，添多少絮聒。直吵得六親無可靠，九族不相和，您罪也如何？

空閨怨

我若是從你門前過，你便也活潑；我若是在你家中坐，你便也安樂。到頭來那個勘得破？漫道是愁多悶多，一家兒恨他怨他！則問你好麼歹麼？真實的因何為何？算來時只少俺其中這！

這組曲也描述了掙脫金錢束縛的舒暢：

北雙調　新香過

仰天拍手笑呵呵，恁機關這番識破。不與你掂斤播兩，不與你說少論多，大踏步直跳出地網天羅。解裙腰放肚皮，岸巾幘橫眉角，從今後快活快活！

嘉慶年間的沈逢吉在小令〈南商調．黃鶯兒〉（詠錢）中，則對人們日常所用的銅錢的

「壞處」，一一道來，警示世人：

最好是銅錢。有了錢，百事全，時來鐵也生光豔。親族盡歡顏，奴婢進諛言，小孩兒也把銅錢騙。滿堂前，家人骨肉，不過為銅錢。

莫要說銅錢。說起錢，便無緣，親朋為此傷情面。爭什麼家園？奪什麼房田？嘆恩仇總是銅錢變！更堪憐，沿門求乞，也為一銅錢。

偏要說銅錢。有了錢，通上天，呂仙曾把黃金點。起課怕無錢，推磨鬼來牽，那鬼神尚把銅錢戀。劉海蟾，歡天喜地，因為有銅錢。

莫再說銅錢。說起錢，實可憐，十年幾度滄桑變。賺不盡的錢，過得完的年，著財奴鑽進銅錢眼。亂山前，紙灰飛蝶，可再要銅錢？

散曲雖然也有曲牌、曲律，但其創作卻可以增添襯字，甚至加句、減句，而且幾乎無語不可入曲，俚語、俗話、村語、民謠等都在散曲中得到融合，本色、自然、通俗，宜於歌唱是散曲的主要特色，這就使散曲更接近下層民眾，更加自由化。明清的文學家便是敏銳地抓住了這一點，在這一人民喜聞樂見的散曲天地裡，任意馳騁，嬉笑怒罵，將金錢的危害批判得淋漓盡致。

特別值得注意的是，在嘉慶末年，由四川總督蔣攸銛主持印製了〈總督部堂蔣勸民惜錢歌〉，它是清代所有關於金錢的散曲中最長的一篇，多達五百字，以蠅頭小楷體，印在一巴掌大的「當錢壹千文」的錢票背面上。這首散曲雖然是從愛惜金錢的角度出發，但不乏批判成分，其中一段是：

> 錢，你不似明鏡，不似金丹，倒有些勢力威權：能使人搬天揭地，能使人平地登天；能使人頃刻為業，能使人陸地成仙；能使人到處逍遙，能使人不第為官；能使人顛倒是非，能使人痴漢作言。因此上，人人愛，個個貪；人為你昧滅天理，人為你用盡機關；人為你敗壞綱常，人為你冷炭起煙；人為你忘卻廉恥，人為你無故生端；人為你舍死喪命，人為你平空作顛；人為你天涯遍走，人為你晝夜不眠。錢，人人被你顛連，出言你為首，興敗你為先。成也是你，敗也是你，到而今只你機關！你去我不煩，你來我不歡。免被你顛神亂志，廢寢忘餐。

這真是大眾化的文學樣式，人人都能接受，而且這首散曲是印在人們日常生活不可缺少

的錢票上的，對金錢危害的批判作用可以說很有成效。

明清時期對金錢的批判還不限於散曲，在通俗小說領域也是很突出的，如〈杜十娘怒沉百寶箱〉、〈韓湘子全傳〉等。集大成者是蘭陵笑笑生的《金瓶梅詞話》，塑造了一大批形形色色為金錢生存的市井人物，尤其是第五十六回〈常時節得鈔傲妻兒〉的一段：

常二只是不開口，任老婆罵的完了，輕輕把袖裡銀子摸將出來，放在桌兒上，打開瞧著道：「孔方兄，孔方兄！我瞧你光閃閃響噹噹的無價之寶，滿身通麻了，恨沒口水嚥你下去。你早些來時，不受這淫婦幾場合氣了。」那婦人明明看見包裡十二三兩銀子一堆，喜的搶近前來，就想要在老公手裡奪去。常二道：「你生世要罵漢子，見了銀子就來親近哩！我明日把銀子去買些衣服穿好，自去別處過活，卻再不和你鬼混了。」那婦人陪著笑臉道：「我的哥，端的此是那裡來的？這些銀子！」常二也不做聲……

這一段刻畫，惟妙惟肖，常時節與妻子崇拜金錢的形象力透紙背，躍然紙上，不愧為古代批判金錢文學畫廊中傑出的代表，它給小說創作中的人物形象刻畫提供了有益的經驗。清代著名的「子弟書」作者韓小窗，就擷取其中精華，創作了兩回〈得鈔傲妻〉，我們從中可以聽見清代批判金錢文學思潮的迴響：

「想當初，豐衣足食你隨著手兒轉，到而今，我家業蕭條你改變了心。有銀子，居然又是個賢良婦，將來無銀子，依舊還是個夜叉神。反反覆覆無定準，細想來，銀子原來會鬧人。」峙節點頭長嘆氣，把銀子兩錠雙托掌上存。瞧瞧白銀看看妻子，瞧瞧妻子又看看白銀，說：「骨肉情腸全是假，夫妻恩愛更非真。誰能夠手內有這件東西在，包管他吐氣揚眉另是人。」

忽轉念：「妻兒逼我，西門贈我，他兩個一個為仇，一個作恩。無銀子能使至親如陌路，有銀子，陌路那堪作至親。」

韓小窗續寫〈常時節得鈔傲妻兒〉，並非單純的模仿，而是有感於他所處的社會崇尚金錢的醜惡現象比之明代更甚而進行的再創作。他自己闡述創作動機道：

小窗氏，筆端怒把雷霆震。欲喚醒，今古鴛鴦夢裡人。

韓小窗的〈得鈔傲妻〉確實將「子弟書」的創作推向了一個較高的層次。批判金錢的文學，可以成為我們觀察古代社會商品發展程度的晴雨錶，作為一種文學創作樣式，它還可以給今天批判金錢的文學創作提供有益的借鑑，這都是十分寶貴的。

俗雅的借鑑

在中國文學史上，以描寫社會生活著稱的《水滸傳》、《金瓶梅》、《紅樓夢》，無不從民間俗文學與筆記文學等其他文學樣式汲取養料來壯大自己。如人們最為熟悉的「走後門」就是這樣一個例子。

最初，它起於南宋羅大經《鶴林玉露》中的〈留後門〉。羅大經說的是：紹興二年（一一三二年）冬天，劉豫進犯，趙元鎮主持國務，請高宗親征，當行至蘇州，有一喻子才向趙說：「今若直前，萬一蹉跌，退將安任？要須留後門，則庶幾進退有據。」趙認為：這樣當然好了，可如何實現這樣的計畫？喻子才道：

> 張樞密在福康，若除閩浙江淮宣撫使，則命到之日，便有官府軍旅錢穀，彼之來路，即我之後門也。

趙大以為然，便依喻子才的建議而行動了。

羅大經對此評論道：御駕親征，事大體重，應該進退有據。可若論兵法，則置之死地而後生，「豈預留後門哉？留後門，則士不死戰矣」。一語道破了「後門」的乖巧、不正當的屬性。

「後門」出現在著作家筆下，表明「後門」已成為一種廣泛公認或約定俗成的社會語言現象。作為最敏感的社會神經小說中也出現了「開後門」一語，更加證實了在宋代「後門」的運用已相當普遍，社會政治已相當腐敗。《水滸傳》第七十九回就有這樣一個例證：

濟州一老官吏王瑾，見高太尉征剿梁山好漢不順，便獻計道：

> 貴人不必沉吟，小吏看見詔上已有活路。這個寫草詔的翰林待詔，必與貴人好，先開下一個後門了。

高太尉見說大驚，問道：「你怎見得先開下後門？」王瑾稟道：

> 詔書上最要緊是中間一行，道是「除宋江盧俊義等大小人眾所犯過惡，並與赦免」，這

一句是囫圇話。如今開讀時，卻分作兩句讀，將「除宋江」另做一句，「盧俊義等大小人眾所犯過惡，並與赦免」另做一句。賺他漏到城裡，捉下為頭宋江一個，把來殺了，卻將他手下眾人，盡數拆散，分調開去。自古道：「蛇無頭而不行，鳥無翅而不飛。」但沒了宋江，其餘的做得甚用！此論不知太尉恩相貴意若何？

王瑾的這一個「開後門」，倘若得逞，那自然是可將宋江等人一網打盡。王瑾因此贏得了高俅的歡心，一句「開後門」，使他從一個普通小吏上升到帥府長吏，參與了機要。這反映了「後門」已在官僚階層中運作得十分嫻熟，並得到了一致的認同，甚至可以開至「聖上」。

但「後門」也並不完全是一種含意，也可以為男女偷情之隱喻。人所熟知的《水滸傳》中西門慶與潘金蓮勾搭成奸，就是從王婆家的「後門」開始的。在筆者的學術視野中，在宋代以前像《水滸傳》中這樣男女利用「後門」偷情的描寫並不多見，但「後門」自宋以後氾濫不已，幾乎成為男女偷情的代名詞，連民間歌謠都有了這類的語言現象，足見其影響之大。如馮夢龍《山歌》卷二〈私情四句〉專有一首〈後門頭〉，直言不諱道：「結識私情後門頭」。

在宋代以後的小說、戲劇中，「後門」有時亦作「腳子門」、「角子門」，即人們通常

所說的「角門」。元代雜劇《東牆記》第三段：「我試往後花園看去。呀！這角門怎生開著？」還有宋話本〈萬秀娘仇報山亭兒〉中：「萬秀娘移步出那腳子門，來後花園裡。」宋話本〈楊溫攔路虎傳〉：「楊溫隨員外入到後地，推開一個固角子門，入去看一段空地。」最為大家熟悉的是元代王實甫的《西廂記》，張生和崔鶯鶯相會時，也是「開了寺裡角門兒」，也就是通過「後門」見面的。

《金瓶梅》中展現「角門」之處則更多，絕大部分是借「角門」偷看男女行房中事，或西門慶與婦女勾搭成奸時借「角門」而入，如第七十八回、第八十三回等。特別是在描寫潘金蓮和西門慶女婿陳經濟通姦時，每次都是通過「角門」接頭。在這些章節裡，「後門」成為作者揭露、嘲諷潘金蓮淫蕩的一個「道具」了。《紅樓夢》亦未能脫俗：賈瑞被王熙鳳設計，關在「穿堂」，「一夜幾乎不曾凍死」，「好容易盼到早晨」，「幸而天氣尚早，人都未起，從後門一徑跑回家去」。賈瑞狼狽不堪、見不得人的形象，躍然紙上，可謂傳神極了……

明《新刊大字魁本全相參增奇妙注釋西廂記》插圖

通過以上考釋，我們可以理出一條脈絡，那就是大部分的作品，其基礎往往是民間生活所提供的材料，這些材料一經點化，登堂入室，又加流布，便為經典。其間借鑑點化之功是最為重要的，即便兩種不同文學樣式，也非常需要這一媒介。

比如，《金瓶梅》愛好者，對其書第九十回那位教頭的印象是很深的，因為這位教頭實際是以滑稽丑角的形象在賣藝，他是這樣自我表白的：

> 我做教師世罕有，江湖遠近揚名久。雙拳打下如錘鑽，兩腳入來如飛走。南北兩京打戲臺，東西兩廣無敵手。分明是個鐵嘴行，自家本事何曾有。少林棍，只好打田雞；董家拳，只好嚇小狗。撞對頭不敢喊一聲，沒人處專會誇大口。騙得銅錢放不牢，一心要折章臺柳。虧了北京李大郎，養我在家為契友。蘸生醬吃了半畦蒜，卷春餅咪了兩擔韭。小人自來生得饞，寅時吃酒直到酉。牙齒疼，把來銼一銼；肚子脹，將來扭一扭。充饑吃了三斗米飯，點心吃了七石缸酒。多虧了此人未得酬，來世做隻看家狗。若有賊來掘壁洞，把他陰囊咬一口。問君何故咬他囊？動不的手來只動口！

明代戲劇《玉環記》第十四回〈韋皋延賓〉中也有一丑角扮武術教頭，所唱與此大致相同：

〔丑〕我做教師真罕有，江湖遠近馳名久。雙拳打下如槌鎮，兩腳入來如飛走。南北二京打類（擂）臺，東西兩廣無敵手。分明是個鐵嘴釘，自家本事何曾有。小木棍只好打田雞，刊（看）家拳嚇小狗。撞對頭不敢啐一聲，沒人處專會誇大口。騙得銅錢放不牢，一心要折章臺柳。虧了東京張大哥，留我在家為契友。醮生醬吃了半林蔥，卷春餅吃了兩林韭。小子自來生得饞，寅時吃酒吃到酉。牙齒疼把來銼一銼，肚子脹將來扭一扭。充饑吃了三斗米飯，點心吃了一大缸酒。虧了此人未得酬，來世做隻看家狗。若有賊來掘地洞，把他陰囊咬一口。

《玉環記》的作者署名是楊柔勝，似是不太出名的一位劇作家，筆者查閱了多種明代史料，均未找見他的身影，所以一時很難斷定是《玉環記》在前還是《金瓶梅》在前，也就是誰給予誰創作以影響，但有一點卻是可以肯定的，那就是明代的小說、戲劇這兩種文學樣式彼此互相借鑑之處是很多的，此已成風氣。

這是因為古代社會生活是非常豐富的，任何一位文學創作家都不可能窮盡所有的生活材料，所以，借鑑姊妹藝術，乃至從已有定型的俗文俚章中取材，以擴大本身的表現領域，已成為一門不可缺少的基本功。中國古代任何一部描寫社會生活的長篇小說都未能例外。有許多考據家從許多著名的長篇小說尋找出借鑑的痕跡，以致這樣的工作已成為一門學問。

例如，筆者發現一條這樣的線索，《夷堅志》甲志卷第四〈侯元功詞〉記載：

宋代密州侯元功，從少年時期就趕考，直到三十一歲才得到鄉貢的名稱。許多人因為他這麼大年紀才中鄉貢，對他很看不上。有一個浮浪子弟將他的形象畫在風箏上，引線放之，以為嘲弄。侯元功見了不僅不惱，反而大笑，作了一首〈臨江仙〉詞，題在紙鳶上面：

未遇行藏誰肯信，如今方表名蹤。無端良匠畫形容。當風輕借力，一舉入高空。
才得吹噓身漸穩，只疑遠赴蟾宮。雨餘時候夕陽紅。幾人平地上，看我碧霄中。

詞言志，侯元功更加發奮讀書，一舉登第，五十多歲的時候，果然當上了執政。

在數百年後的清代，大觀園裡的薛寶釵借吟詠柳絮，也作了一首〈臨江仙〉詞：

白玉堂前春解舞，東風卷得均勻。蜂團蝶陣亂紛紛。幾曾隨逝水，豈必委芳塵。
萬縷千絲終不改，任他隨聚隨分。韶華休笑本無根。好風憑藉力，送我上青雲！

此詞抒發薛寶釵自比春光中無根的柳絮，一有時機，便借此直上青雲的胸襟，這在當時女子中是不同凡響的。

兩首詞雖同一詞牌名，可是兩種風格；兩個人，一男一女，雖差距甚遠，但靈氣相通。一是借風箏騰空抒懷，一是借柳絮升空表志。一是公開批評浪蕩子不瞭解他的高遠志向，坦白直露；一是借景抒情，委婉曲折，顯示出了女性的細膩。兩首詞寫作手法雖不同，但確有異曲同工之妙。

現無據可考曹雪芹是否讀過《夷堅志》，可是從《紅樓夢》中穿插的大量酒令、燈謎、詩詞來看，能否說明曹雪芹在進行《紅樓夢》的創作準備時，閱讀過大量的筆記小說？毫無疑問，曹雪芹吮吸著筆記小說的精華，《夷堅志》也許就是其中的一部吧？

在中國文學史上，俗雅之間的交融、轉化是一條基本規律，俗雅之稱亦是相對而言的。如相對於文言的《夷堅志》等筆記文學，《紅樓夢》可稱為俗，而相對於民間說唱文學，又可稱為雅了。「俗」文學常常向「雅」文學提供養料，而一旦「雅」文學形成，它又可能給「俗」文學提供創作的範例。如從清代車王府所藏「曲本子弟書」來看，幾乎所有的古典名著，都有「曲本子弟書」的闡釋之作，如紅拂私奔、貴妃醉酒、舌戰群儒、坐樓殺惜、紅娘寄柬、海棠結社，這些故事均被演化成為可供演唱和欣賞的優美韻文。伍子胥、白居易、趙匡胤、崔鶯鶯、孫悟空這些人物形象，均由「子弟書」作者以自己的審美趣味，以通俗化的筆法，加以重新調整，再次塑造。二十八回的〈全掃秦〉中，岳飛英魂顯靈，秦檜受盡疼痛，並被打入十八層地獄，「萬載千秋人唾罵，若要翻身萬萬難」。這樣的〈全掃秦〉，無疑成了另一部弘揚忠烈、抨擊奸臣的範本，它是說唱「俗」文學向《說岳全傳》等「雅」文學借鑑的成功之作。正是這樣俗雅之間的相互交融、轉化，才使人們看到古代社會生活的多樣而又多彩。

冰花與冰燈詩詞

早在西元前一三五年，韓嬰就寫出了「雪花獨六出」的詩句，這種對雪花細微的觀察角度，標誌著中華民族是世界上最早正確認識雪花晶體是六角對稱形狀的民族，從而充分顯示出了中國人在自然現象審視上的早熟。

但自漢代以後，這種對冰雪獨特的觀察卻停止不前了，只是到了宋代才又一振，在典籍中出現了對「冰花」的記錄，反映出了宋代對冰的認識具有不同尋常的審美趣味。

沈括在被世界公認為「中世紀科學技術座標」的《夢溪筆談》中敘述了自己在元豐末年到秀州（今浙江省嘉興市）所見到的冰花奇景：

有些屋瓦在霜後成花，像牡丹、芍藥、萱草、海棠等細花，皆有枝葉，每瓦一枝，無毫髮不具，就是有高超的丹青巧筆也不能畫出來。要是用紙描摹下來，那等於石刻的一樣。

沈括的記錄，表明冰花已納入了他的科學觀察的視野，但確切地說，沈括何嘗不是用一種欣賞美的心態去看待冰花現象呢？

後來，洪邁《夷堅志》中〈瓦上冰花〉條也有幾乎相同的記錄，不同的是南宋初期的秀州，知州呂彥能家廳側有數百片瓦，為雪所壓，迨雪消冰澌，皆結成樓觀、欄檻、車馬、人物，並帶芙蓉、重臺牡丹、長春萱草及萬歲藤之類的花卉植物，妙華精巧，經日不融。呂彥能便命兒子呂述卿用墨拓印十餘本，用以觀摩。

從自然天成的冰花欣賞出一番景象，這是一種相當高的審美能力。宋代以前卻並非如此，據馬端臨《文獻通考》云：唐昭宗時，在滄州城塹中，就有冰紋如畫，大樹如芳敷，可當時的人卻認為這是「華孽」，當有兵難。

到了宋代，人們對冰花的態度為之一變，像呂彥能將冰霜之花描摹欣賞者，不乏其人。宋敏求《春明退朝錄》曾述：北宋王子融侍郎回山東故里，時值嚴冬濃霜，有一官員家屋瓦皆成百花形狀，他就摹下，作為畫幅珍藏。

更為奇絕的，何薳《春渚紀聞》載：

> 餘杭的萬廷之，他有一洗臉用的瓦盆，時當凝寒，還有餘水留在盆中，凍結成了冰，形如一枝桃花，觀者以為巧合。可第二天再用，則又成一雙頭牡丹，次日又成寒林滿盆，水村竹屋，斷鴻翹鷺，宛如圖畫近景。萬廷之自此後便用白金把這瓦盆包護起來，每逢嚴寒，便設宴約客，來欣賞這未曾有一同樣的冰花。記錄此事的何薳說他曾親臨此間觀看過。

洪邁在《夷堅志》中〈錫盆冰花〉條也介紹道：

紹興六年十二月十五日，一官員生辰之日，家裡常用大錫盆傾水未盡，盆內結成冰像雕鏤似的。細看，一壽星坐磐石上，長松覆蓋，一龜一鶴，分立左右，宛如畫圖。招畫工描繪，由於畫工居遠，趕來時，冰畫已消。但自此無日不融結，佳花美木，長林遠景，千情萬態，一直到了春暄才停止。

說穿了，這只不過是大自然的一種變化現象，可宋人卻獨具慧眼，從冰花發現了一個神奇的花草、人物世界，這是由於他們用自己的文化修養為冰的自然形態變化增添了文化韻味。這與整個宋代洋溢著被海內外史家所稱的歐洲「文藝復興式」那種天才創造的文化氛圍是有直接關係的。

筆者認為，這種不滿足於對雪花是六角形狀的發現和謳歌，而轉為對冰的花紋的昇華和創意，是和宋代瓷器新樣式的燒造有著某種微妙的關聯：

像被尊為國之瑰寶的南宋「官窯盤」，外壁呈稀疏、淡雅的大「開片[33]」，盤裡滿布疊層重疊的小「開片」，裡外大小「開片」，紋絡縱橫，滲透在青釉中，顯得透亮晶瑩，好似寒冬凝結的江面河床之上那變幻萬千的碎紋冰片……

這種由於冷卻時收縮速度不同而燒造出千姿百態冰裂紋的「開片」，竟成了宋代瓷器中崇尚和追求的裝飾手法。正如有一陶瓷研究家所說的：中國陶瓷科學美追蹤的目標就是四個字「自然天成」。素樸無飾像冰花紋似的「開片」，作為美化器表的手段，在宋代堂而皇之地步入藝術殿室，從而為中國的單色瓷器樹立了一個典範。

這一創建絕非偶然，儘管現在尚無史料證實，宋代瓷器「開片」的燒造是從宋代的冰花現象獲得靈感，但有一點是可以肯定的，那就是文化現象是有連繫的，瓷器「開片」的出現只能從一個大的宋代文化系統去觀察，才會找到清楚的答案。

同時冰花現象也告訴我們：美，無處不在，只需你去發現，但這種對美的發現不會陡然而生，必須要有雄厚的文化修養根基，還要有合適的濃烈文化風雲際遇。否則，為什麼冰花在宋代之前就有，卻沒有宋代那樣美麗的發現？而在宋代，冰花卻廣泛地被人發現，並且與瓷器燒造上十分相同的冰紋似的「開片」，引發出了獨特的美的趣味……

冰燈究竟起於何時？有些人將一九六二年哈爾濱市一位老太太在冬天往水桶裡潑水凍成一個冰砣，當成現今冰燈的開端。後有好事者以〈一桶水潑出一個冰雪節〉為題，大加宣揚，言之鑿鑿，似乎中國的冰燈自一九六二年才有，這位老太太似應享有冰燈的發明權。其實，

33開片：陶瓷以高溫燒製時，釉面的紋路變化所產生的效果。

這是缺乏歷史知識之談。

遠的暫且不說，在清代的北京，正月的燈集於前門官府的「六部」，其中以工部的燈為最好，而最好的燈中就有冰燈。夏仁虎《舊京瑣記》說這種冰燈，飛走百態，窮極工巧。酒家已用冰燈作「招牌」，如震鈞《天咫偶聞》記：

以冰為酒甕、瓶罌、鼎彝之屬，燃燈於內，高懸四座，觀者嘆其絕肖。

特別是黑龍江一地，冰燈製作的技藝已很高超。道光年間在黑龍江為官的西清所作《黑龍江外記》，有冰燈的描述：

鏤五六尺冰為壽星燈者，中燃雙炬，望之如水晶人，此為難得。

依西清記述，冰燈是在元宵節「城中張燈五夜」時，與其他燈一處供人觀賞，村落婦女都坐著車來觀燈，「車聲徹夜不絕」。這足以表明看冰燈已經成為清代黑龍江人民冬季生活中的一部分。

這種冰燈現象，並非黑龍江獨有，也可以肯定地說冰燈絕不是自清代始。明代《燕都遊覽志》就記錄了燈市上有細剪百彩澆水而成的冰燈。明人唐順之也有〈冰燈詩〉可證：「燭花不礙空中影，暈氣宜從月裡看。」特別是在明代的南方出現了冰燈，徐渭的兩首〈詠冰燈〉七律詩就是明證：

其一

夜堂流影倍生妍，刻掛誰秉凍未闌。燭暈只疑杯水抱，火齊應落數珠寒。
薄輪逼焰清難覓，滿魄生花洞可看。復道餘光能照膽，卻令遊女怯追歡。

其二

玉枝叢裡總稱妍，徑尺能消幾夜闌。對日水晶誰取火，生花銀燭自禁寒。
共燃始覺琉璃避，但持還將雨雹看。無奈陽和消作日，何人筵上解悲歡。

徐渭為浙江紹興人，生活在嘉靖中期到萬曆中期，在南方度過一生，按氣候的歷史常規推算，似不可能看到冰燈。然而，著名氣象學家竺可楨經研究確認：西元一四七〇年到

一五二〇年，是中國長江流域和歐洲一樣的一個寒冷時期，徐渭恰是生在這個寒冷時期之後，即一五二一年，也就是說他所在的冬季氣候已變得相對溫和了。那麼，何以在徐渭的《徐文長逸稿》中出現了冰燈詩？很可能是徐渭聽了前輩在寒冷時期所見所聞的冰燈而寫下這兩首冰燈詩的。

徐渭的冰燈詩，證實了在明代的南方已有了冰燈的蹤影。至清代，冰燈才有了幾近今天冰燈雕塑的水準。筆者在查閱清代文獻時，從《昭代叢書》中查出傅山所作的十餘首〈冰燈詩〉，更加可以證明這一點。

在傅山的筆下，我們發現冰燈的世界是非常可觀的：

銀海迷離天水光，廣寒宮殿斗明妝。玉壺一點琅玕淚，滴斷人間煙火腸。

鑿得清光照古人，蠹編床上白磷霖。遺忘對此頻能記，不愧前賢雪月貧。

從〈冰燈詩〉的注釋，我們還可獲知，當時冰燈的製作是多種多樣的，還有「盆景式冰燈」：

藉思得古怪樹根，鑿為盆盂搭之。村中友人言家藏柳根幾塊，槐杌無用，正欲燒火，許牽車取之。乃有東友求枯樹根作冰燈座。

值得欣喜的是，傅山認為數首冰燈詩，未能盡冰燈之變，所以又作了一篇〈冰賦〉，它與「冰燈詩」互相映照，別有一番情趣：

飛蜿蜒之銀虯，宜陳之曲之堂兮。照吸露之仙流，沃以白鳳之膏兮。……憐淒精之高潔，學匠石之運斤。鑿欐欐兮積雪，列亭亭之玉人。

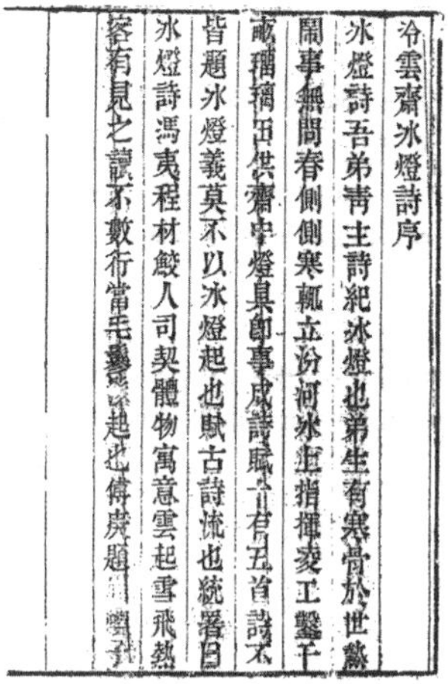
冷雲齋冰燈詩序
冰燈詩吾弟青主詩紀冰燈也弟生有寒骨於世無
閒事無問春側側寒瓶立汾河冰走指揮麥工鑿千
感稱稱巧供齋中燈具即事成詩賦二十有五首詩不
皆題冰燈義莫不以冰燈起也賦古詩流也統署曰
冰燈詩馮夷程材般人司契體物寓意雲起雪飛熱
容有見之讀不敷衍常毛蠡[illegible]起也傅庚題[illegible][illegible]

〈冷雲齋冰燈詩序〉書影

從賦中可以看到當時的冰燈雕塑藝術技巧是很高的。

〈冰燈詩〉作者傅山的生活年代是在清初期，再參考記述乾隆史事尤詳的西清的《黑龍江外記》來分析，冰燈在清代初中期就已經十分興盛了。

再看傅山〈冰燈詩〉，他所雕塑冰燈的地點

是在山西境內，與西清《黑龍江外記》所述的冰燈遙遙相對，可見清代冰燈雕塑範圍是很廣闊的。

〈冰燈詩〉還為人們展示了傅山極其熱愛冰燈雕塑的形象。據〈冷雲齋冰燈詩序〉：這位喜歡冰燈的傅山，「生有寒骨，於世熱鬧事無問」，每到寒冬，則立於汾河冰上，指揮民工鑿出達千畝面積的冰塊來做冰燈。

這表明了當時的人們已養成了看冰燈的習慣，至少傅山是這樣的：他將冰散陳於天井，待「深夜白來，瑩涵窗紙。森森送碎音，輕淨疑雪。披衣問之，正月與晉冰斗光耳。靜對霜更贈答萬狀，竟不能為之剖勝負也，賦得冰燈月下看」。

這是一幅多麼有意境的「賞冰圖」，應該說傅山的〈冰燈詩〉承明代徐渭冰燈詩餘韻，發出了更加動人的吟唱，它和徐渭的冰燈詩一樣，可稱得上是中國文學中較為罕見之作。因為在筆者的學術視野中，所見古代文人用詩的形式歌詠冰燈，屬徐渭的冰燈詩難得，可作為西元一四七〇年到一五二〇年那段寒冷氣候的最為形象的見證；屬傅山冰燈詩數量多，可當作清代冰燈長足進展的反映。

更為難得的是，乾隆也有御制的〈冰燈聯句〉詩，他在詩序中說：

片片鮫冰，吐清輝而交璧月；行行龍燭，騰寶焰而燦珠杓。

概括出了清代冰燈的面貌，十分傳神。更別致的是，在繁多的清詞創作中，有位活動於乾隆、道光年間的方履籛，還專為冰燈作了首〈瑤華詞〉：

瑤輪破浴，涇映銅華，怎飛來蛾綠。蘭膏皚皚，渾來信，短夢瓊樓生栗。羅幃對影，又斜逗，寒芝如玉。試問他內熱三分，誰詠掛簾銀竹。

青蛾鏤雪歸時，縱逼近黃昏，猶照心曲。明波助怨，應重見，並蒂芙蓉凝馥。東風舊信，漫催得，試燈期促。是碧為借頭銜，替剪護花輕轂。

方履籛的冰燈詞，是對明清冰燈詩的一種有益補充，它顯示了一種獨特的冰燈審美觀念在清代已經成熟，也將長久地保存在古代冰雪文化的寶庫中。

三版後記（此指簡體版後記）

拙作《古代中國閒情瑣記》（簡體版書名），最初由中國社會出版社，以《古代中國札記》之名印行。據我得到這本書不完全的訊息，其發行量還算「尚可」水準：一九九九年一月第一版，同年十一月第二次印刷，二〇〇五年一月第三次印刷。因我與中國社會出版社合約到期，中華書局接手將此書再版，並將《古代中國札記》改名為《到古代中國去旅行》（我在中國社會出版社出版的《宋代市民生活》改名為《行走在宋代的城市》，也同期在中華書局再版發行）。這兩本書二〇〇五年一月出版發行，同年三月第二次印刷。我說這些並非多餘的話，乃是想藉此證實拙作還有一定價值，值得一讀。現中國工人出版社所出版《古代中國閒情瑣記》是為第三版，更加證實了這一點。

需要說明的是，本書名雖為「閒情」，但並非「閒情」，只不過想從輕鬆切入罷了。其主要成分還是以學術眼光看待古代中國的某些現象和問題，如相聲之源、象聲之探討，保溫瓶、船塢、煙火，又涉及專門科學技術，如此等等。

總之，文章的起點多從文化史角度，以為筆者的古典文學研究取一「參照係數」，而其核心無一不是以最基礎的文學歷史文獻而生發。從目前拙著出版狀況來看，這一目標已有所達到。這更激發了我在日後繼續這項工作的信心。

伊永文　於二〇一八年哈爾濱之夏

二版後記（此指簡體版後記）

收入這個集子裡的文章，是在文學與社會生活這一思想認識下陸續寫成的，它包括這樣幾個方面：一、技藝；二、中外文化交流；三、商業；四、民俗；五、科學技術；六、北方少數民族；七、飲食；八、官僚政治；九、刑法；十、文學藝術。

表面看來，這些方面的問題似多與古典文學研究無大關係，然而它們均是在研究古典文學過程中派生出來的，我的研究使我認為：古典文學是過往的古代社會生活的反映，它應該容納十分豐富的社會現象和問題；換言之，倘不能夠從多視角對古典文學研究進行比照分析，也是很難揭示古典文學的本質的。所以，走出古典文學研究的領域，面向其他學科，並與之交融、滲透、交叉，這是一項非常有意義的工作。筆者願意為這樣的「打通」而努力。

本書的文章，目的就在於此。如〈李開先與笑話〉，實則探討相聲起源，而相聲則是城市文學重要的樣式。〈迎神賽會〉是為研究宋、明兩代通俗文學何以興旺而做的線索追尋。〈遼金食俗〉則是從另一方面證實遼金少數民族是如何模仿、吸取漢民族先進文化，以此而轉於遼金文學與宋文學，其理一致。〈「葉子戲」的演變〉是為水滸文學的流傳找一有力的支持與旁證，而〈宋元玩具〉則又是宋以來文學中不斷出現的社會場景，將有助於對市民文學的認識。〈煙火略談〉出於李約瑟博士提示而考據，以此文而證《金瓶梅》中描寫煙火之盛不虛……

為了使這些問題逐一在讀者面前清晰起來，筆者選擇了以圖來印證論述的學術問題，配圖來自明《三才圖會》、清《點石齋畫報》、《吳友如畫寶》、《金陵古版畫》、《中國古代插圖精選》《中國美術全集》（明代卷、清代卷、版畫卷、民間年畫卷）、《清代宮廷繪畫》、《中國古典文學版畫選集》等古代的主要是明清時期的圖畫。

為了使拙著增強可讀性，筆者除幾篇考證文字略為謹嚴些，其餘問題行文均採取散文漫談方式，但這並不等於說這些文章不重學術性，書中文章均經過縝密的思考，史料均經過選擇，只不過為了尋求一種可以使人比較容易接受感染的「路數」，將那些經過咀嚼的「原材料」加以變化罷了。

伊永文　二〇〇四年八月於黑龍江大學文學院

中國古代文學研究中心

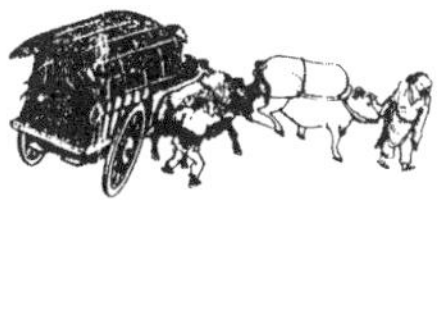

初版後記（此指簡體版後記）

這本小書，記錄了我自一九八九年以來正式開始學術研究之餘，所進行的一些「業餘性」探討的龐雜足跡，其範疇包括：中國古典筆記小說研究、宋元明清飲食史、北方民族文化專題、中國科學技術考證、宋代城市生活、技藝研究。因涉及較寬，類似中型的學術文章彙集，故將此書定名為《古代中國札記》。

書中文字，大多數發表於中央級報紙雜誌，或海外報刊和國際會議上，如《中國科技史料》、《光明日報》、《中國文化研究》、韓國高麗大學《中國學論叢》、世界第五屆跨文化交際國際研討會等等。

為了使這些專業性的學術研究通俗化，我對這些文字做了刪削集中，修改潤色，特別是某些專業性較強的文章，如〈最早的保溫瓶〉，盡可能使非專業人士也能讀懂。有的問題因條件所限，權作拋磚引玉，如書中所提及今日風行的高爾夫球，源頭即元代「捶丸」等，未知如此合乎讀者口味否？

我的本業是專治中國古典筆記小說。也許我所涉及的這些領域，在某些人看來是「不務正業」。但我不後悔，我所做的這些跨學科的粗淺探討，正是為了適應各種專業互相滲透、日益紛繁的時代大勢。而且，這些研究使我堅信：過往的歷史和文學，在很大程度上須經互相證明，才能清晰起來。

書中所顯示的學術範疇，正是筆者這一主張的實踐。當然，由於是札記，難免遺漏和不足，我在此佇立側耳，希望聽到來自讀者的議論聲，以便今後拾遺補闕，將這個題目做得更好……

國家圖書館出版品預行編目(CIP)資料

古人的閒情逸趣：談古代中國的民俗生活與文化傳承 / 伊永文著. -- 初版. -- 新北市：晶冠出版有限公司, 2021.08
面； 公分. --（新觀點；20）
ISBN 978-986-06586-3-7(平裝)

1.文化史 2.生活史 3.中國

630 110010490

新觀點 20

古人的閒情逸趣：談古代中國的民俗生活與文化傳承

作　　者　伊永文
行政總編　方柏霖
責任編輯　王逸琦
封面設計　柯俊仰
內頁排版　李純菁
出版企劃　晶冠出版有限公司
總 代 理　旭昇圖書有限公司
電　　話　02-2245-1480（代表號）
傳　　真　02-2245-1479
郵政劃撥　12935041 旭昇圖書有限公司
地　　址　235 新北市中和區中山路二段 352 號 2 樓
E-MAIL　s1686688@ms31.hinet.net
旭昇悅讀網　http://ubooks.tw
印　　製　福霖印刷有限公司
定　　價　新台幣 360 元
出版日期　2021 年 08 月 初版一刷
ISBN-13　978-986-06586-3-7

作品名稱：《古代中國閒情瑣記》
作者：伊永文
本書經中國工人出版社授權，由晶冠出版有限公司出版繁體中文版本。
版權所有‧翻印必究。
本書如有破損或裝訂錯誤，請寄回本公司更換，謝謝。
Printed in Taiwan.